Karlsruhe so wie es war

Ferdinand Leikam

Karlsruhe so wie es war

Herausgegeben in Zusammenarbeit mit dem Stadtarchiv Karlsruhe

Droste Verlag

Über den Autor

Dr. phil. Ferdinand Leikam studierte Neuere und Neueste Geschichte an der Ludwig-Maximilians-Universität München. Seit 2011 arbeitet er im Stadtarchiv und Stadtmuseum Karlsruhe. Seine Schwerpunkte sind Ausstellungen und Publikationen zu stadtgeschichtlichen Themen.

Einführung

Karlsruhe feiert im Jahr 2015 seinen 300. Geburtstag. Verglichen mit anderen Städten ist Karlsruhe eine junge Stadt. Doch das gegenwärtige Stadtgebiet wurde schon lange vor 1715 besiedelt. In den heutigen Stadtteilen Durlach, Knielingen und Rüppurr sind Funde aus der Bronze- und Römerzeit belegt. In einer Urkunde aus dem Jahr 786 wird Knielingen, der älteste Stadtteil, erstmals erwähnt.

Die Geschichte der Kernstadt begann jedoch erst am 17. Juni 1715, als Markgraf Karl Wilhelm von Baden-Durlach im Hardtwald den Grundstein zu einem Schloss legte, in dessen Schatten eine Stadt entstand: Karlsruhe. Die Gründung des Schlosses und der Stadt ist sagenumwoben: Dem Mythos zufolge war der Markgraf auf der Jagd und legte erschöpft eine Pause ein – woraufhin er einschlief und im Traum ein Schloss sah, das er wenig später an selbiger Stelle erbauen ließ.

Selbst wenn tatsächlich ein Traum den Anstoß zur Gründung Karlsruhes gegeben haben sollte, so waren es doch auch reale Gegebenheiten, die Karl Wilhelm zu diesem Schritt veranlassten. Durlach, die bisherige Residenzstadt, war 1689 im Pfälzischen Erbfolgekrieg zerstört worden. Auch die Karlsburg, das Residenzschloss des Markgrafen, war in Flammen aufgegangen. Ihr Wiederaufbau verzögerte sich, auch weil nach dem Krieg die dafür nötigen Mittel zunächst fehlten. Allerdings strebte Karl Wilhelm nach einem barocken Schloss nach dem Vorbild von Versailles – was sich im Hardtwald weitaus besser realisieren ließ als im bereits dicht bebauten Durlach.

Dass Karl Wilhelm beabsichtigte, sein neues Schloss durch eine Stadt zu ergänzen, macht der Privilegienbrief vom 24. September 1715 deutlich. Dieser versprach allen Neubürgern nicht nur Religions- und Steuerfreiheit, sondern auch ein kostenloses Baugrundstück. Allerdings mussten die neu Zugezogenen über ein bestimmtes Vermögen verfügen und sich an die Bauvorschriften des Markgrafen halten, dessen Ziel es war, Karlsruhe als barocke Planstadt zu errichten.

Trotz der weitreichenden Zusagen ging die Entwicklung Karlsruhes zunächst in beschaulichem Tempo voran. Bis etwa 1750 hatte die Stadt weniger Einwohner als Durlach. Entlang der Straßen füllten sich erst nach und nach die Baulücken. Zu Beginn des 19. Jahrhunderts wohnten etwa 8700 Menschen in Karlsruhe, davon knapp 2700 im Dörfle, der Siedlung der Handwerker und Tagelöhner, die nicht vermögend genug waren, um sich in der eigentlichen Stadt niederzulassen.

Kurz nach 1800 änderte sich das Gesicht der Stadt. Karlsruhe war mittlerweile die Hauptstadt ganz Badens, das zudem nicht mehr Markgrafschaft, sondern Großherzogtum war. Großherzog Karl Friedrich beauftragte Friedrich Weinbrenner mit einer repräsentativen Umgestaltung des Zentrums, deren Ergebnisse bis heute das Stadtbild prägen. Die Funktion Karlsruhes als Residenzstadt beeinflusste auch maßgeblich die weitere Entwicklung, wobei unter anderem wichtige Kultur- und Bildungseinrichtungen entstanden.

In den Jahren nach 1870 wandelte sich Karlsruhe in vielerlei Hinsicht. Industriebetriebe siedelten sich an und zogen durch ihren großen Bedarf an Arbeitskräften Menschen an. Die Stadt wuchs rapide: Vororte wurden eingemeindet, zudem entstanden im Osten, Westen und Süden der Stadt neue Wohn- und Industriegebiete. Eisenbahn und Rheinhafen verbanden Karlsruhe mit der Welt. Das Leben seiner Einwohner änderte sich ebenfalls. Technische Neuerungen wie die Nutzung der elektrischen Energie hatten weitreichende Folgen: Elektrische Laternen sorgten nachts für eine bessere Beleuchtung der Straßen, und elektrische Straßenbahnen verkürzten die Fahrzeiten zwischen der Innenstadt und den wachsenden Außenbezirken. In anderen Bereichen gab es ebenfalls Fortschritte: Trinkwasser musste immer seltener an einem öffentlichen Brunnen geholt werden, sondern kam per Wasserleitung direkt ins Haus. Auch das Abwasser floss nicht mehr als stinkende Brühe in offenen Kanälen, sondern wurde unterirdisch gesammelt und entsorgt. Neue und erweiterte Krankenhäuser verbesserten die Versorgung im Krankheitsfall.

Doch nicht alle Veränderungen waren positiv. Westwind trug die Abgase der in Richtung Rhein gelegenen Industriebetriebe in die Wohngebiete. Für weniger wohlhabende Menschen wurde bezahlbarer Wohnraum zu einem knappen Gut; viele Arbeiterfamilien lebten in kleinen Wohnungen, die sie oft noch mit einem Untermieter teilten. Die Arbeit in den Fabriken war hart und schlecht bezahlt. Trotz langer Arbeitstage reichte das Einkommen eines Fabrikarbeiters nur selten, um eine Familie zu ernähren.

Der Erste Weltkrieg bedeutete einen erheblichen Einschnitt in die Entwicklung der Stadt und das Leben der Menschen. Auch die Jahre danach waren von wirtschaftlichen Schwierigkeiten geprägt. Allerdings stieg die Einwohnerzahl Karlsruhes, das mittlerweile Hauptstadt der Republik Baden geworden war, weiter an. Die Weltwirtschaftskrise begünstigte auch in Karlsruhe den Aufstieg der NSDAP. Die Machtübernahme der Nationalsozialisten 1933 hatte katastrophale Folgen. Die jüdische Bevölkerung und viele andere Menschen, die nicht ins Weltbild der Nationalsozialisten passten, wurden entrechtet, vertrieben oder getötet. Weite Teile der Stadt wurden im Zweiten Weltkrieg zerstört. Zunächst unter französischer, dann bald unter amerikanischer Besatzung begann 1945 der Wiederaufbau.

Dabei änderte die Stadt – wie schon in den Jahren nach 1800 sowie nach 1870 – erneut an vielen Stellen ihr Gesicht. Im Zentrum wurden vielfach die Ruinen zerstörter Gebäude entfernt und durch moderne Neubauten ersetzt. Gleichzeitig nahm die Bevölkerungszahl zunächst durch den Zuzug von Vertriebenen und Flüchtlingen noch einmal stark zu. Danach war es der enorme Wirtschaftsaufschwung, der weiter Menschen anzog. Erneut dehnte sich die Stadt aus, neue Wohngebiete und Stadtviertel entstanden, weitere Orte wurden eingemeindet. Seine Hauptstadtfunktion musste Karlsruhe jedoch einbüßen, wenngleich es mit der Ansiedlung der höchsten deutschen Gerichte entschädigt wurde. Das „Wirtschaftswunder" ermöglichte es vielen Menschen, ihren Lebensstandard zu verbessern. Doch auch diese Entwicklung – Stichwort Autoverkehr – blieb nicht ohne Kehrseiten.

In den 300 Jahren seines Bestehens hat sich Karlsruhe zwar in wechselnder Intensität, aber doch stetig gewandelt. Die enormen Veränderungen, welche die wirtschaftlichen und technischen Neuerungen in den Jahren nach 1870 hervorriefen, wurden intensiv dokumentiert – und zwar ebenfalls mithilfe einer neuen Technik: der Fotografie. Ihre Entstehung wird auf das Jahr 1839 datiert. Obwohl die Kameras und das Verfahren zur Entwicklung der Aufnahmen nach und nach verbessert wurden, war das Fotografieren noch Ende des 19. Jahrhunderts sehr aufwendig: Die Fotografen benutzten relativ klobige Plattenkameras mit Stativ, und statt Filmen dienten Glasplatten als Bildträger. Folglich machten nur professionelle Fotografen Aufnahmen und entwickelten diese. Fotos waren etwas Außergewöhnliches und wurden nur zu besonderen Anlässen gemacht. Im Sonntagsanzug und mit feierlichen Mienen versammelten sich die Menschen vor der Kamera.

Doch mit der Erfindung der Rollfilmkamera am Ende des 19. Jahrhunderts änderte sich das Fotografieren. Die neue Kamera war nicht nur preiswerter als die bisherigen Modelle, sondern auch leicht zu transportieren. Fotografieren wurde bei den Menschen zunehmend beliebt, sodass immer häufiger Bilder von Alltagsszenen entstanden. Dennoch dokumentierten auch weiterhin professionelle Fotografen wichtige Bauten, Entwicklungen und Ereignisse in der Stadt.

Anhand ausgewählter Fotografien gibt *Karlsruhe so wie es war* vielfältige Einblicke in die Entwicklung der Stadt und das Leben ihrer Einwohner, wobei der zeitliche Schwerpunkt auf den Jahren zwischen etwa 1875 und 1975 liegt. Das erste Kapitel zeigt das Stadtzentrum in den Jahren um 1900, das zweite dokumentiert daran anschließend die städtebauliche Entwicklung der Stadt. Das dritte Kapitel ist den politischen Ereignissen gewidmet, während das vierte die Verkehrsmittel und ihre Entwicklung vorstellt. Daran schließen sich die Themen Wirtschaft und Arbeit sowie Konsum und Versorgung an. Das siebte Kapitel stellt die Bildungs- und Kultureinrichtungen im Wandel der Zeit vor, und das letzte Kapitel dokumentiert die Freizeitaktivitäten der Karlsruher Bevölkerung. Durch diese Gliederung und durch die Bildauswahl sollen möglichst vielfältige Einblicke in die Vergangenheit eröffnet und neben Bekanntem hin und wieder auch bereits Vergessenes in Erinnerung gerufen werden.

Dr. Ferdinand Leikam

Zum Geleit

Karlsruhe feiert in diesem Jahr seinen dreihundertsten Geburtstag. Dieses Jubiläum ist Anlass für uns, auf die Geschichte der Stadt zurückzublicken. Anschaulich wird diese Geschichte vor allem durch historische Fotografien, die ein vielfältiges Zeugnis von der Entwicklung Karlsruhes ablegen.

Der Bildband *Karlsruhe so wie es war* zeigt rund 340 historische Ansichten der Stadt aus dem Zeitraum von etwa 1870 bis 1980. Sie führen den Leserinnen und Lesern vor Augen, wie es früher im Zentrum aussah, wie sich Karlsruhe ausdehnte und veränderte, welche politischen Ereignisse die Stadt bewegten, mit welchen Verkehrsmitteln man sich fortbewegte, wo und wie die Menschen arbeiteten, wo sie einkauften, welche Kultur- und Bildungseinrichtungen sie nutzten und wo und wie sie ihre Freizeit verbrachten.

Knappe, informative Texte erläutern die Fotografien und betten sie in größere inhaltliche Zusammenhänge ein. Somit ermöglicht der Bildband vielfältige Einblicke in die Geschichte der Stadt und das Leben ihrer Bewohner. Zugleich führen die Bilder eindrucksvoll vor Augen, in welchem Ausmaß technische Innovationen, politische und gesellschaftliche Entwicklungen sowie die beiden Weltkriege und ihre Folgen die Stadt im Lauf der Zeit verändert haben. Heute ist Karlsruhe eine lebendige und attraktive Stadt mit vielen Stärken.

Grundlage des Bildbands sind die Fotobestände des Stadtarchivs Karlsruhe, das als „Gedächtnis der Stadt“ stadtgeschichtlich wichtige Fotografien sammelt und bewahrt. Heute umfasst sein Bildbestand knapp eine Million Fotografien, die zum Teil bereits digitalisiert und im Netz verfügbar sind.

Allen an diesem Buchprojekt Beteiligten danke ich herzlich. Mein besonderer Dank gilt dem Autor Dr. Ferdinand Leikam, der im Stadtarchiv Karlsruhe beschäftigt ist, dem Stadtarchiv Karlsruhe, das als Kooperationspartner die Fotografien zur Verfügung stellte, sowie dem Droste Verlag. Ich wünsche *Karlsruhe so wie es war* eine zahlreiche und interessierte Leserschaft.

Dr. Frank Mentrup
Oberbürgermeister

CH: SEXAUER
ARCHITEKT

WIENER CAFE CENTRAL
WIENER CAFÉ CENTRAL

In der Residenzstadt um 1900

In den Jahren um 1900 brach in Karlsruhe eine neue Epoche an. Technische und wirtschaftliche Entwicklungen veränderten die Stadt und das Leben ihrer Einwohner. Doch nicht überall ließ sich dieser Wandel auf den ersten Blick erkennen. Vor allem das Stadtzentrum war weiterhin stark von der Rolle Karlsruhes als Hauptstadt des Großherzogtums Baden geprägt. Die Anlage der wichtigsten Straßen und Plätze entsprach nach wie vor der des frühen 19. Jahrhunderts.

Der Marktplatz, der zentrale Platz der Stadt, war von Friedrich Weinbrenner, dem Baumeister und Städtebauer des Klassizismus, als bürgerliches Gegengewicht zum Schlossplatz entworfen worden. Während auf dem Schlossplatz Staatsgäste empfangen und Paraden abgehalten wurden, verwandelte sich der Marktplatz dreimal pro Woche – ganz seinem Namen entsprechend – in einen Wochenmarkt. Hier kreuzten sich damals wie heute die beiden wichtigsten Achsen: Die von Osten nach Westen verlaufende Kaiserstraße, die sich um 1900 längst als wichtigste Einkaufsstraße etabliert hatte, sowie die vom Schloss zum Ettlinger Tor führende Nord-Süd-Achse, die als repräsentative *Via Triumphalis* angelegt worden war. Von den Stadttoren hingegen waren um 1900 bestenfalls noch die Torhäuser erhalten, die Tore selbst waren längst dem zunehmenden Verkehr gewichen.

Das Stadtbild prägten auch die Gotteshäuser der drei größten Religionen: die Evangelische Stadtkirche, die katholische Kirche St. Stephan und die Synagoge. Die Rolle Karlsruhes als Hauptstadt ließ sich ebenfalls an vielen Gebäuden ablesen. Das Ständehaus, der Sitz des badischen Parlaments, war dabei von besonderer Bedeutung. Dass Karlsruhe um 1900 auch größte badische Garnison war, bezeugten zahlreiche Kasernen und nicht zuletzt die Soldaten in den Straßen der Stadt.

Doch auch einfachere Wohn- oder Geschäftshäuser trugen zum charakteristischen Aussehen Karlsruhes bei. Dazu zählten vor allem die Modellhäuser aus der Gründungsphase der Stadt sowie die ebenfalls gemäß strengen Bauvorschriften errichteten Häuser aus dem frühen 19. Jahrhundert. Unweit von Marktplatz und Schloss bot Karlsruhe aber auch ganz andere Seiten: Im Dörfle, dem Viertel der Arbeiter und Handwerker, waren Häuser und Straßen ganz ohne stadtplanerische Vorgaben entstanden; hier lebten viele Menschen auf engem Raum zusammen.

Blick vom Rathausturm über die Häuser der Innenstadt vom Marktplatz bis zum Schloss um 1910.

- **17. Juni 1715:**
  Gründung Karlsruhes durch Markgraf Karl Wilhelm
- **1718:**
  Verlagerung der Residenz von Durlach nach Karlsruhe
- **1746:**
  Markgraf Karl Friedrich wird neuer Regent
- **1752–1771:**
  Das in Holzbauweise errichtete Schloss wird durch einen Steinbau ersetzt

Das Schloss mit Schlossplatz und Großherzog-Karl-Friedrich-Denkmal 1896. Das 1844 enthüllte Monument befand sich bis 1967 in der Platzmitte. Die auf dem Bild zu erkennenden Laternen wurden seit 1846 mit Gas betrieben.

Das Schloss

Die Geschichte Karlsruhes ist eng mit der des Schlosses verknüpft. Die Grundsteinlegung für das Schloss durch Markgraf Karl Wilhelm von Baden-Durlach am 17. Juni 1715 gilt als Geburtsstunde Karlsruhes. Bis 1918, also über 200 Jahre lang, diente das Schloss als Residenzschloss zunächst der Markgrafen von Baden-Durlach, dann ab 1771 der Markgrafen von Baden und schließlich ab 1806 der Großherzöge von Baden. Dass zur Zeit der Stadtgründung alle Macht vom Schloss ausging, machte auch die Anlage der Straßen deutlich: Der Fächergrundriss der Stadt hat zur Folge, dass 32 Straßen direkt auf das Schloss zulaufen.

Vor dem Schloss war die Schlosswache stationiert. Sie wurde vom 1. Badischen Leib-Grenadier-Regiment Nr. 109 gestellt und war in zwei Wachhäusern südlich des Schlosses untergebracht. Das Bild zeigt die Soldaten im Jahr 1913 bei einer Wachablösung.

Blick vom Schlossturm nach Süden um 1880. Zu erkennen sind der Schlossplatz mit dem Großherzog-Karl-Friedrich-Denkmal, die Türme der Evangelischen Stadtkirche und des Rathauses sowie hinter der Silhouette der Stadt die Ausläufer des Schwarzwalds.

Eine große Menschenmenge jubelte am 9. September 1896 vor dem Schloss Großherzog Friedrich I. und den zur Feier seines 70. Geburtstags eingetroffenen Ehrengästen zu.

- **1805–1825:** Bau des Rathauses
- **1806:** Karl Friedrich – früher Markgraf, seit 1803 Kurfürst – wird Großherzog
- **1807:** Karl Friedrich legt den Grundstein zur Evangelischen Stadtkirche
- **1823–1825:** Errichtung der Pyramide

Der Marktplatz um 1898. Links ist die Evangelische Stadtkirche, rechts das Rathaus zu erkennen. Am südlichen Ende des Platzes wurde gerade das Bezirksamtsgebäude errichtet.

Im Herzen der Stadt

Der Marktplatz war und ist der zentrale und wichtigste Platz der Stadt. Sein Aussehen prägte Friedrich Weinbrenner, auf den auch die beiden bedeutendsten Gebäude am Platz, das Rathaus und die Evangelische Stadtkirche, zurückgehen. Als Anfang des 19. Jahrhunderts die Einwohnerzahl wuchs und Karlsruhe Hauptstadt eines Großherzogtums wurde, erhielt Weinbrenner von Karl Friedrich den Auftrag, den Marktplatz repräsentativ umzugestalten. Für den Umbau wurde 1807 auch die Konkordienkirche am Nordende des Platzes abgerissen. Nur die Gruft, in der Markgraf Karl Wilhelm bestattet worden war, blieb erhalten. Zur Erinnerung an den Stadtgründer wurde direkt über der Gruft ein Denkmal in Form einer Pyramide errichtet.

Wochenmarkt vor dem Rathaus um 1910. Dreimal die Woche wurden hier die Verkaufsstände aufgebaut.

Im Zentrum der Verwaltung:
Oberbürgermeister Karl Schnetzler und der Karlsruher Stadtrat im Sitzungszimmer des Rathauses 1902.

Die Evangelische Stadtkirche 1898 von Südwesten aus gesehen. Die Vorhalle im Stil eines griechischen Tempels orientierte sich an der Hauptfassade des gegenüberliegenden Rathauses.

Geschäftiges Treiben auf dem nördlichen Teil des Marktplatzes um 1900. Im Hintergrund sind das Restaurant Englischer Hof und das Wiener Café Central zu erkennen.

➢ **1865:**
Beginn der Bebauung am Friedrichsplatz
➢ **1879:**
Umbenennung der Langen Straße in Kaiserstraße
➢ **1900:**
Eröffnung der Hauptpost zwischen heutigem Europa- und Stephanplatz

Straßen und Plätze

Die wichtigste Straße in Ost-West-Richtung war und ist die Lange Straße, die 1879 anlässlich der Goldenen Hochzeit von Kaiser Wilhelm I. und Kaiserin Augusta in Kaiserstraße umbenannt wurde. Sie existiert bereits seit der Gründung der Stadt. Am Marktplatz kreuzt sie die vom Schloss bis zum Ettlinger Tor verlaufende heutige Karl-Friedrich-Straße, früher Schloßstraße. Diese wurde Anfang des 19. Jahrhunderts von Friedrich Weinbrenner zu einer repräsentativen, später als *Via Triumphalis* bezeichneten Achse umgebaut. Auch der Rondellplatz entstand im Zuge dieses Bauprogramms. Mit dem Friedrichs- und dem Stephanplatz wurden in der zweiten Hälfte des 19. Jahrhunderts zwei weitere, das Stadtbild prägende Plätze geschaffen.

Blick vom Marktplatz in die Kaiserstraße Richtung Osten vor 1896. Im Eckhaus rechts eröffnete wenige Jahre später das Modehaus Schöpf.

Der nördliche Teil des Rondellplatzes und die Karl-Friedrich-Straße, wie sie sich um 1910 zeigten. Der Obelisk in der Platzmitte erinnert an die Unterzeichnung der Badischen Verfassung durch Großherzog Karl im Jahr 1818. Die Straßenbahn fährt vom damaligen Hauptbahnhof an der Kriegsstraße zum Marktplatz.

Als weiterer repräsentativer Platz entstand ab 1865 der Friedrichsplatz. In seiner Mitte befand sich ab 1874 ein Fontänenbrunnen, seine Nord- und Ostseite prägten Arkadengänge. Das Bild zeigt die Situation Ende der 1890er-Jahre.

Die Hauptpost am Stephanplatz um 1900. Links im Bild verläuft die Douglasstraße. Das Postscheckamt (es verband ab 1912 die beiden Flügel der Hauptpost) war zu diesem Zeitpunkt noch nicht errichtet.

- 1772:
  Bau des Durlacher Tors
- 1783:
  Bau des ersten Mühlburger Tors auf Höhe des heutigen Hauses Kaiserstraße 138
- 1803:
  Das Ettlinger Tor wird errichtet
- 1817:
  Verlegung des Mühlburger Tors nach Westen an den heutigen Platz gleichen Namens
- 1828–1830:
  Das Karlstor wird errichtet

Das Durlacher Tor markierte ab 1772 die Stadtgrenze Richtung Osten. Das Foto wurde kurz vor dem 1875 erfolgten Abriss aufgenommen.

Stadttore

Sechs Stadttore markierten die Grenzen Karlsruhes. Die wichtigsten waren das Durlacher Tor im Osten, das Mühlburger Tor im Westen sowie das Ettlinger- und das Karlstor im Süden. Einige der Tore entstanden erst zu Beginn des 19. Jahrhunderts – weniger aus Gründen der Zugangskontrolle, sondern zur Erinnerung an wichtige Ereignisse oder zur Verschönerung des Stadtbilds. Doch in den Jahren zwischen 1872 und 1875 mussten alle dem zunehmenden Verkehr weichen. Lediglich die Torhäuschen blieben vereinzelt noch länger stehen. In Straßennamen leben die Stadttore bis heute fort.

1892 wurde auch das südliche Torgebäude des Durlacher Tors abgerissen.

Das Ettlinger Tor und die dort eingesetzten Wachsoldaten um 1870. Im Hintergrund verläuft Richtung Süden die von Bäumen gesäumte Ettlinger Straße. Wenig später, im Jahr 1872, wurde das mittlerweile baufällige Tor abgebrochen.

Der Blick durch die beiden Wachhäuschen des Karlstors nach Norden im Jahr 1910.

Das nördliche Torhäuschen des Mühlburger Tors um 1910. Der Kirchturm im Hintergrund gehört zur Christuskirche. Das bereits seit 1874 abgebaute Tor wurde 1967 zwischen Schlossgarten und Botanischem Garten neu aufgebaut. Die beiden Wachhäuser wurden erst 1951 abgerissen.

➢ **1807–1816:**
Bau der Evangelischen Stadtkirche
➢ **1808–1814:**
Bau der katholischen Kirche St. Stephan
➢ **1872–1875:**
Bau der Neuen Synagoge

Die Evangelische Stadtkirche wurde gegenüber dem Rathaus errichtet. Die Grundsteinlegung erfolgte am 8. Juni 1807, eingeweiht wurde die Kirche am 2. Juni 1816. Das Bild zeigt die Innenansicht mit Altar im Jahr 1906.

Gotteshäuser

Bereits seit dem Privilegienbrief Karl Wilhelms vom 24. September 1715 bestand in Karlsruhe weitgehend Religionsfreiheit. Menschen unterschiedlichen Glaubens ließen sich in der Stadt nieder. Anfang des 19. Jahrhunderts entstanden für die drei größten Religionsgemeinschaften neue Gotteshäuser nach den Plänen von Friedrich Weinbrenner: die Synagoge an der Kronenstraße, die Evangelische Stadtkirche am Marktplatz und die katholische Kirche St. Stephan in der Erbprinzenstraße. Nachdem die Synagoge 1871 abgebrannt war, entstand kurz darauf am gleichen Ort nach Plänen von Josef Durm die Neue Synagoge.

Die Kleine Kirche wurde zwischen 1773 und 1776 als Gotteshaus für die reformierte Kirche erbaut, die sich später mit der evangelisch-lutherischen Kirche zusammenschloss. Das vor 1910 entstandene Foto gibt den Blick aus der Kreuzstraße auf die Fassade zur Kaiserstraße wieder.

Das erste Gotteshaus der Karlsruher Katholiken war die Kirche St. Stephan. Die Aufnahme von etwa 1920 zeigt die Kirche von Westen sowie den Kirchplatz und die Erbprinzenstraße.

Die 1875 vollendete Neue Synagoge in der Kronenstraße nur wenige Jahre nach ihrem Bau. Bei den Novemberpogromen 1938 wurde das Gebäude beschädigt und später auf Druck der Nationalsozialisten abgerissen.

➢ **1822:**
Fertigstellung des Ständehauses
➢ **1896–1899:**
Bau des Großherzoglichen Bezirksamts

Blick vom Friedrichsplatz auf das Ständehaus Ecke Ritter- und Ständehausstraße 1902. Der Bau wurde 1944 bei einem Luftangriff stark beschädigt und 1961 abgerissen.

Hauptstadt Karlsruhe

Von 1718, dem Umzug der Residenz von Durlach nach Karlsruhe, bis 1945 war Karlsruhe Hauptstadt – zunächst einer Markgrafschaft, dann eines Großherzogtums, danach einer Republik und schließlich eines Reichsgaus. Diese Rolle spiegelte sich auch in den Gebäuden: Für die Ministerien und Ämter entstanden insbesondere am Zirkel zahlreiche Bauten, und für das Parlament wurde bis 1822 in der Ritterstraße das Ständehaus als erstes deutsches Parlamentsgebäude errichtet. Das Parlament bestand aus zwei Kammern; die Mitglieder der ersten Kammer ernannte der Großherzog, die der zweiten wurden frei gewählt. Abstimmen konnten allerdings nur männliche Staatsbürger, die mindestens 25 Jahre alt und als Bürger in einem Wahldistrikt registriert waren.

Der Plenarsaal des Ständehauses im Jahr 1920. Hier tagte von 1822 bis 1918 die Badische Ständeversammlung und von 1919 bis 1933 der Badische Landtag.

Das Badische Finanzministerium vom Schlossplatz aus gesehen, rechts im Bild der Beginn der Adlerstraße. Die Aufnahme entstand vermutlich in den Jahren um 1915.

Das nach Plänen von Josef Durm erbaute Großherzogliche Bezirksamt an der Ecke Karl-Friedrich- und Hebelstraße vor 1913. Ganz rechts im Bild ist das Schild des gegenüber gelegenen Hotels Kaiserhof zu erkennen.

➢ **1803:**
Fertigstellung des Amalienschlösschens
➢ **1875:**
Bau des Werder'schen Palais
➢ **1882:**
Fertigstellung des späteren Prinz-Max-Palais
➢ **1891–1897:**
Bau des Erbgroßherzoglichen Palais

Das Erbprinzenschlösschen im heutigen Nymphengarten entstand für den Sohn von Karl Friedrich, der jedoch noch vor der Fertigstellung des Gebäudes starb. Später nutzte dessen Witwe Amalie den Bau, der folglich auch als Amalienschlösschen bekannt wurde. Bei einem Luftangriff wurde das Gebäude 1944 zerstört. Die Aufnahme entstand um 1930.

Repräsentationsbauten

Neben den Gebäuden für Monarch, Regierung und Parlament beherbergte Karlsruhe zahlreiche weitere Repräsentationsbauten für Mitglieder der großherzoglichen Familie, hochrangige Militärs, aber auch für wohlhabende Privatpersonen. Dazu zählen das für den späteren Großherzog Friedrich II. erbaute Erbgroßherzogliche Palais, das Erbprinzen- oder Amalienschlösschen, das Werder'sche Palais sowie das Prinz-Max-Palais.

Das Treppenhaus im Erbgroßherzoglichen Palais in der Herrenstraße 45 um 1900. Als der Sohn Friedrichs I. seinem Vater 1907 auf den Thron folgte, blieb er weiterhin hier wohnen. Heute nutzt der Bundesgerichtshof den Bau.

Das Werder'sche Palais in der Bismarckstraße 2 war Sitz der Kommandierenden Generäle des Königlich Preußischen XIV. Armeekorps und nach dem ersten dieser Kommandanten, General von Werder, benannt. Die Aufnahme entstand um 1900. Im Zweiten Weltkrieg wurde das Gebäude zerstört.

In der Karlstraße 10 ließ sich der Bankier August Schmieder ein repräsentatives Palais nach Plänen von Josef Durm errichten. Im Jahr 1900, aus dem das Foto stammt, zog hier Prinz Max von Baden ein, seither trägt das Gebäude seinen Namen. Heute beherbergt der Bau unter anderem das Stadtmuseum.

➢ **1897:**
Bezug der Grenadierkaserne in der Moltkestraße und der Dragonerkaserne in der Kaiserallee
➢ **1906:**
Fertigstellung der neuen Artilleriekaserne in der Moltkestraße
➢ **1907:**
Fertigstellung der Telegraphenkaserne in der Hardtstraße

Das 1. Badische Leib-Grenadier-Regiment Nr. 109 war in der von 1893 bis 1897 errichteten Grenadierkaserne in der Moltkestraße 66–74 untergebracht. Die Aufnahme zeigt die Anlage um 1900.

Garnisonsstadt Karlsruhe

Am Vorabend des Ersten Weltkriegs war Karlsruhe die größte Garnisonsstadt Badens. Fünf Truppeneinheiten mit insgesamt rund 5200 Soldaten waren hier stationiert. In Durlach war eine Formation mit 460 Mann garnisoniert. Die bekannteste Karlsruher Einheit und der ranghöchste aller badischen Truppenteile war das 1. Badische Leib-Grenadier-Regiment Nr. 109, das auch die Schlosswache stellte. An der Wende vom 19. zum 20. Jahrhundert entstanden im Westen mehrere neue Kasernen, die sich anfangs noch außerhalb der Stadt befanden, aber bald von der Bebauung eingeholt wurden. Die Truppen waren nicht nur ein bedeutender Wirtschaftsfaktor, sondern brachten der Stadt in den Augen vieler auch einen Prestigegewinn.

Um 1900 war das Schloss Gottesaue Teil einer Kasernenanlage für die Artillerie. Als der Platz dort nicht mehr ausreichte, wurde bis 1906 im Westen der Stadt die Neue Artilleriekaserne gebaut.

Mitglieder des in der Dragonerkaserne an der Kaiserallee stationierten 1. Badischen Leib-Dragoner-Regiments Nr. 20 bei einer Übersetzübung am Rhein bei Maxau 1903. Zahlreiche Schaulustige verfolgten das Manöver vom Ufer und von der Rheinbrücke aus.

Vorbeiritt der Dragoner am Durlacher-Tor-Platz 1897. Bei dem Gebäude hinter den Soldaten handelt es sich um das Schaffnerhäuschen.

➢ **1715:**
Markgraf Karl Wilhelm erlässt einen Ansiedelungsaufruf mit genauen Bauvorschriften
➢ **1801:**
Friedrich Weinbrenner wird Badischer Baudirektor

Die östliche Kaiserstraße mit den Modellhäusern Nr. 41 bis 47 um 1940. Die beiden Häuser rechts, Nr. 45 und 47, existieren bis heute. Das Seilerhäuschen, das letzte der vier Häuser ganz rechts im Bild, wurde 1722/23 errichtet und zählt zu den ältesten noch erhaltenen Gebäuden der Stadt.

Modellhäuser

Die Gründung der Stadt Karlsruhe fällt in eine Epoche, in der sowohl in der Stadtplanung als auch beim Hausbau Gleichmaß und Einheitlichkeit angestrebt wurden. Markgraf Karl Wilhelm erließ genaue Bauvorschriften für seine neue Stadt – sogenannte Modellhäuser entstanden. Anfang des 19. Jahrhunderts änderte sich das Antlitz der Stadt, stilprägend waren nun die klassizistischen Bauten von Friedrich Weinbrenner. Als Badischer Baudirektor und Leiter einer – später im Polytechnikum aufgehenden – Bauschule gewann Weinbrenner nicht nur erheblichen Einfluss auf das Aussehen der in seiner Amtszeit neu entstehenden Gebäude, sondern prägte auch die ihm nachfolgende Architektengeneration auf den „Weinbrenner-Stil".

Anfang des 20. Jahrhunderts wurden, wie hier in der Waldstraße 13 im Jahr 1902, viele Modellhäuser aus der Gründungsphase der Stadt abgerissen, um Platz für höhere Gebäude zu schaffen.

Die Gebäude Waldhornstraße 18 und 20 wurden nach Plänen von Friedrich Weinbrenner errichtet und zeigen die für den Baumeister typische Architektursprache. Die Aufnahme entstand um 1910.

Bauen im „Weinbrenner-Stil": Blick in die Karlstraße Richtung Norden um 1910. Links, an der Einmündung der Sophienstraße, ist das Künstlerhaus, rechts gegenüber das Weltzien'sche Haus zu erkennen. Beide Gebäude wurden nach Plänen von Weinbrenner-Schülern errichtet.

➢ 1718:
Markgraf Karl Wilhelm erwähnt in einer Notiz seine „Untertanen im Dörfle“
➢ 1775:
In Klein-Karlsruhe leben 1720 Menschen
➢ 1812:
Das Dörfle wird nach Karlsruhe eingemeindet

Das Dörfle

Das Dörfle oder Klein-Karlsruhe entstand gleichzeitig mit Karlsruhe als Siedlung der Bauarbeiter und Tagelöhner, die es sich nicht leisten konnten, sich in der Stadt niederzulassen. Das Straßenbild prägten bescheidene, meist nur einstöckige Behausungen, in denen aber häufig zehn oder mehr Personen wohnten. 1812 wurde das etwa 3000 Einwohner zählende Dörfle nach Karlsruhe eingemeindet. Mit der Industrialisierung wuchs der Stadtteil stark – um 1900 lebten hier über 18.000 Menschen – und entwickelte sich zu einem Armen- und Problemviertel. Pläne für eine umfassende Sanierung wurden aber erst nach dem Zweiten Weltkrieg umgesetzt. Die hatte allerdings zur Folge, dass nur in einzelnen Straßenzügen die ursprüngliche Bebauung erhalten blieb.

Kleine, unregelmäßige Häuser prägten die Straßen im Dörfle, wie hier an der Kreuzung Brunnen- und Fasanenstraße. Für die Aufnahme im Jahr 1909 posierte eine Kindergruppe. Die hier zu sehenden Gebäude wurden später im Zuge der Altstadtsanierung abgerissen.

Dass die Anwesenheit eines Fotografen um 1900 für großes Aufsehen sorgte, macht diese Aufnahme aus der Durlacher Straße deutlich. Entlang der Straße wechseln sich niedrige Häuschen und große Mietskasernen ab.

Blick in den Hof
hinter einer Kohlenhandlung
n Dörfle um 1910. Eine Vielzahl
kleiner Gewerbe- und
Handwerksbetriebe prägte das
geschäftliche Leben und das
scheinungsbild des Stadtteils.

Der Mendelssohnplatz um 1910. Links verläuft die Kriegsstraße, vorne quer die Kronenstraße. Das kleine Gebäude im Vordergrund ist das Oktroierheberhaus, in dem unter anderem die Marktfrauen ihre Steuern zahlen mussten. Im Haus mit dem Zwiebelturm rechts dahinter befand sich die Polizeistation.

Bau eines Wohnhauses in der Weststadt, Ecke Haydnplatz und Weberstraße, um 1900. Das Bild zeigt die zum Teil sehr jung wirkenden Bauarbeiter und den damaligen Gerüstbau mittels Baumstämmen und Seilverbindungen.

Von der Residenzstadt zur Großstadt

In den Jahren zwischen der Gründung des Deutschen Reichs 1871 und dem Beginn des Ersten Weltkriegs 1914 veränderte sich Karlsruhe rapide. Die beschauliche, mittelgroße Residenzstadt wandelte sich zu einer Groß- und Industriestadt. Immer mehr Menschen zogen hierher, um in den neu entstehenden oder sich vergrößernden Fabriken zu arbeiten. Wohnten 1861 noch 27.000 Menschen in Karlsruhe, waren es 1910 bereits 134.000.

Für die neuen Bewohner musste Wohnraum geschaffen werden. Karlsruhe wuchs über seine bisherigen Grenzen hinaus: Zusätzlich zur bereits Ende der 1850er-Jahre erschlossenen Südstadt wurden ab den 1880er-Jahren die Weststadt, die Südweststadt sowie die Oststadt angelegt und immer wieder erweitert. Ein großes Problem stellte dabei jedoch die sehr kleine Gemarkungsfläche der Stadt dar. Um wachsen zu können, musste Karlsruhe immer wieder Gelände von Nachbargemeinden ankaufen – oder diese eingemeinden, was aber oft ebenso mit Kosten verbunden war. 1886 wurde Mühlburg ein Stadtteil von Karlsruhe, im ersten Drittel des 20. Jahrhunderts folgten Beiertheim, Rintheim, Rüppurr, Grünwinkel, Daxlanden und Bulach. Auf dem hinzugewonnenen Stadtgebiet entstanden neue Siedlungen wie die Gartenstadt Rüppurr oder die Dammerstocksiedlung. In den 1930er-Jahren wurden Knielingen, Durlach und Hagsfeld auf Anordnung der NS-Herrscher zu Teilen von Karlsruhe. Danach blieb die Gemarkung lange Zeit unverändert, bis in den 1970er-Jahren schließlich Grötzingen, die späteren Höhenstadtteile sowie Neureut eingemeindet wurden.

Die Infrastruktur und die Versorgungseinrichtungen mussten ebenfalls an die zunehmende Größe der Stadt angepasst werden. Ab den 1880er-Jahren wurden Krankenhäuser aus- oder neu gebaut, die Feuerwehr vergrößerte und modernisierte sich, aber auch die Wasserversorgung und die Abwasserentsorgung wurden erweitert und auf den neuesten Stand gebracht.

Der Zweite Weltkrieg bedeutete einen erheblichen Einschnitt in die Entwicklung der Stadt. Viele Gebäude, vor allem im Zentrum, wurden durch Luftangriffe zerstört. Doch gleich nach Kriegsende begannen die Schutträumung und der allmähliche Wiederaufbau. Dabei veränderte sich das Antlitz der Stadt: Viele zerstörte Häuser wurden durch moderne Neubauten ersetzt. Da zugleich die Einwohnerzahl durch Flüchtlinge und Vertriebene erneut stark wuchs, galt es, zusätzlichen Wohnraum zu schaffen. Dafür wurden zum einen noch vorhandene freie Flächen zwischen bestehenden Stadtteilen bebaut, zum anderen entstanden ganz neue Stadtviertel wie Oberreut oder die Waldstadt.

- **1858:** In der späteren Südstadt werden die ersten Wohnungen errichtet
- **1881–1900:** Die Stadt erwirbt Bauland zur Anlage und Erweiterung der Südweststadt
- **1889:** Einweihung der Johanniskirche am Werderplatz, der ersten Kirche in der Südstadt
- **1890:** Die Erschließung der Oststadt beginnt
- **1900:** Der Gutenbergplatz wird angelegt

Die ersten Stadterweiterungen

Als erstes Stadterweiterungsgebiet entstand ab Ende der 1850er-Jahre südlich der Kriegsstraße und des damaligen Hauptbahnhofs die spätere Südstadt. In dichter Bebauung wurde hier Wohnraum für die Arbeiter in den ersten Industriebetrieben und den Eisenbahnwerkstätten geschaffen. Die Industrialisierung und die Bevölkerungszunahme machten ab den 1880er-Jahren zusätzliche Stadterweiterungen notwendig. Im Westen dehnte sich die Bebauung in Richtung Mühlburg aus, nördlich und südlich der Kaiserallee wuchsen neue Wohngebiete. Südlich der Kriegsstraße und westlich der Beiertheimer Allee wurde die Südweststadt angelegt, die allmählich Richtung Beiertheim wuchs. Im Osten entstand entlang der Durlacher Allee und der heutigen Haid-und-Neu-Straße ein gemischtes Wohn- und Industriegebiet. Der Platzbedarf war enorm – 1901 wurde Karlsruhe mit 100.000 Einwohnern Großstadt.

Blick vom Lauterberg in nordöstlicher Richtung auf die Südstadt 1893. Das Gebiet südlich der Augartenstraße war noch unbebaut. Der Kirchturm links gehört zur Johanniskirche am Werderplatz, rechts im Bild ist die 1891 geweihte Liebfrauenkirche in der Marienstraße zu sehen. Ihre Kirchturmspitze wurde nach dem Zweiten Weltkrieg nicht wieder aufgebaut.

Die nördliche Weststadt um 1912 von oben: Zu erkennen sind das teilweise noch im Bau befindliche Halbrund des von Heinrich Sexauer geplanten Haydnplatzes, die Hildapromenade sowie die Bahnstrecke Richtung Maxau.

Das Zentrum der südlichen Weststadt um 1910: Kinder am Beckenrand des 1908 fertiggestellten Krautkopfbrunnens auf dem Gutenbergplatz. Gleich dahinter steht die Gutenbergschule.

Die Luftaufnahme zeigt den Stand der Bebauung in der Südweststadt um 1912. Im Vordergrund ist die Südendschule zu sehen, nördlich davon das neue St.-Vincentius-Krankenhaus. Die Wohnbebauung reichte etwa bis zur Vorholzstraße (dritte Querstraße von unten).

Eine Mischung aus Wohnhäusern und Gewerbe prägte die Oststadt, wie diese Aufnahme aus dem Jahr 1899 zeigt. Sie gibt den Blick von Westen in die erst teilweise bebaute Gerwigstraße wieder.

- **1886:**
  Das 1248 erstmals erwähnte Mühlburg wird nach Karlsruhe eingemeindet
- **1907:**
  Eingemeindung von Beiertheim, Rintheim und Rüppurr
- **1909/1910:**
  Eingemeindung von Grünwinkel und Daxlanden

1899 war das Leben in Mühlburg noch recht beschaulich, wie dieses Foto der Hardtstraße, Ecke Rheinstraße, festhält.

Einer der bekanntesten Karlsruher stammt aus Mühlburg: Carl Benz, der Erfinder des Automobils, wurde 1844 in der Rheinstraße 22 geboren.

Eingemeindungen

Da Karlsruhe zunächst nur über wenig Fläche verfügte, waren für seine Entwicklung zur Großstadt und die damit verbundene Ausdehnung Eingemeindungen wichtig. Die umliegenden Ortschaften hingegen erwarteten bei einer Eingliederung einen von Karlsruhe finanzierten Ausbau ihrer Infrastruktur. Den Eingemeindungen gingen daher oft langwierige Verhandlungen voraus. Doch der Flächenzuwachs war enorm: Von 1886 bis 1910 vergrößerte sich das Stadtgebiet von 790 auf 4432 Hektar. In der NS-Zeit wurden Knielingen, Durlach und Hagsfeld zum Teil gegen den Willen der dortigen Bevölkerung Karlsruhe zugeschlagen, um eine große Gauhauptstadt zu schaffen. Allein Durlach zählte bei seiner Eingemeindung, einschließlich des Stadtteils Aue, über 19.000 Einwohner. Durlach haderte lange mit seiner Zugehörigkeit zu Karlsruhe, Ausgemeindungsbestrebungen nach dem Zweiten Weltkrieg blieben aber ohne Erfolg. Auch gegen die letzte große Eingemeindungswelle in den 1970er-Jahren regte sich Widerstand: Die Gemeinde Neureut kämpfte lange um ihr Fortbestehen, musste sich aber letztlich einem Urteil des Staatsgerichtshofs beugen.

Der Dorfeingang von Beiertheim um 1900, wenige Jahre vor der Eingemeindung nach Karlsruhe.

Um 1900 stand die Maria-Hilf-Kapelle in Grünwinkel noch an der Durmersheimer Straße. Da sie zunehmend als Verkehrshindernis galt, wurde sie 1913 an das Hochufer der Alb versetzt.

Am 30. Dezember 1911 wurde die Buslinie von Mühlburg nach Daxlanden in Betrieb genommen. Zu diesem Anlass stellten sich die örtlichen Honoratioren vor dem Gasthaus Krone in Daxlanden zu einem Erinnerungsfoto auf.

- **1929/1930:**
  Eingemeindung von Bulach und Erwerb der Gemarkungen Hardtwald und Kastenwört
- **1935–1938:**
  Knielingen (1935), Durlach und Hagsfeld (1938) werden Teile von Karlsruhe
- **1972–1975:**
  Stupferich, Hohenwettersbach (1972), Wolfartsweier (1973), Grötzingen (1974), Grünwettersbach, Palmbach sowie Neureut (1975) werden eingemeindet

Fachwerkhaus in der Litzenhardtstraße in Bulach. Die Aufnahme stammt aus den 1920er-Jahren.

Knielingen im Jahr 1898: An der Pferdeschwemme waten Kinder in der Alb, links hinter ihnen ist in Verlängerung der Brücke das Gasthaus Zur Blume zu erkennen. Die 786 zum ersten Mal urkundlich erwähnte Ortschaft wurde später zum ältesten Stadtteil Karlsruhes.

Die Stadtkirche und das Rathaus in Durlach um 1875. Das 1196 erstmals erwähnte Durlach war von 1565 bis 1718 Hauptstadt der Markgrafschaft Baden-Durlach. Seine Altstadt blieb im Zweiten Weltkrieg von Luftangriffen verschont und konnte ihren Charme bis heute bewahren.

Das Rathaus in Grötzingen 1964.
Wie das Fuhrwerk zeigt, war die Ortschaft damals noch landwirtschaftlich geprägt.
Auch das 985 zum ersten Mal erwähnte Grötzingen ist weitaus älter als die Stadt Karlsruhe.

➢ **1912:**
Bezug der ersten Häuser in der Gartenstadt Rüppurr
➢ **1923:**
Fertigstellung der ersten Häuser im Weiherfeld
➢ **Oktober 1929:**
Eröffnung der Dammerstocksiedlung

Der Brunnen am Ostendorfplatz am Eingang zur Gartenstadt Rüppurr um 1930.

Neue Siedlungen und „Neues Bauen"

Im ersten Drittel des 20. Jahrhunderts verlangten die weiter steigenden Einwohnerzahlen nach dem Bau neuer Siedlungen, wofür nun dank der Eingemeindungen ausreichende Flächen zur Verfügung standen. Einige dieser Siedlungen wurden von neuen städtebaulichen und architektonischen Strömungen geprägt, so etwa die von 1911 bis 1915 nach Plänen von Friedrich Ostendorf erbaute Gartenstadtsiedlung in Rüppurr – eine der ersten Gartenstädte Deutschlands. Berühmtheit erlangte die 1929 errichtete, von Walter Gropius im Bauhaus-Stil entworfene Dammerstocksiedlung. Die moderne Architektursprache und die kleinen Wohneinheiten stießen bei vielen zunächst auf Skepsis und brachten der Siedlung die Bezeichnung „Jammerstock" ein.

Das Weiherfeld wurde nach dem Ersten Weltkrieg von der Siedlungsgemeinschaft vertriebener Elsass-Lothringer gebaut. Die Aufnahme zeigt die Mainstraße um 1935.

Besucher bei der Besichtigung der neu eröffneten Dammerstocksiedlung 1929. Deutlich erkennbar ist die Zeilenbauweise der Siedlung.

„Neues Bauen" 1929 in der Dammerstocksiedlung: zwei Einfamilienhäuser mit Dachgärten im Obergeschoss.

- **1788:** Eröffnung des städtischen Krankenhauses am heutigen Lidellplatz
- **1857:** Einweihung der Diakonissenanstalt an der Ecke Leopold- und Sophienstraße
- **1861:** Eröffnung des St.-Vincentius-Krankenhauses in der Kriegsstraße
- **1933:** Umzug der Diakonissenanstalt nach Rüppurr

Das alte städtische Krankenhaus in der Adlerstraße 29, Ecke Markgrafenstraße, im Jahr 1898.

Krankenfürsorge

Lange Zeit war die Versorgung der Kranken Aufgabe der Familie. Doch im Laufe des 19. Jahrhunderts wurde das Gesundheitswesen zunehmend professionalisiert. In den 1880er-Jahren verlangten Bevölkerungswachstum und neue hygienische Standards einen Aus- und Neubau der mittlerweile drei Karlsruher Krankenhäuser. Das städtische Krankenhaus am heutigen Lidellplatz wurde zunächst erweitert, erwies sich aber trotzdem bald als unzureichend. Folglich entstand an der Moltkestraße ein moderner Neubau, der 1907 bezogen werden konnte. Die evangelische Diakonissenanstalt wurde ebenfalls erweitert, obwohl einige Anwohner dies mit Unterschriftensammlungen zu verhindern suchten. Das dritte Krankenhaus, vom katholischen Vincentiusverein getragen, zog 1900 aus der Kriegsstraße in einen Neubau in der Südweststadt.

Blick in ein Operationszimmer im neuen städtischen Krankenhaus in der Moltkestraße 14 um 1910.

Das 1900 erbaute St.-Vincentius-Krankenhaus in der Südendstraße um 1910. Zu diesem Zeitpunkt verfügte das Haus über 200 Betten.

Die Diakonissen-Anstalt an der Ecke Leopold- und Sophienstraße, unweit des Mühlburger Tors um 1900. Hier verband sich Krankenpflege mit christlicher Lebensweise.

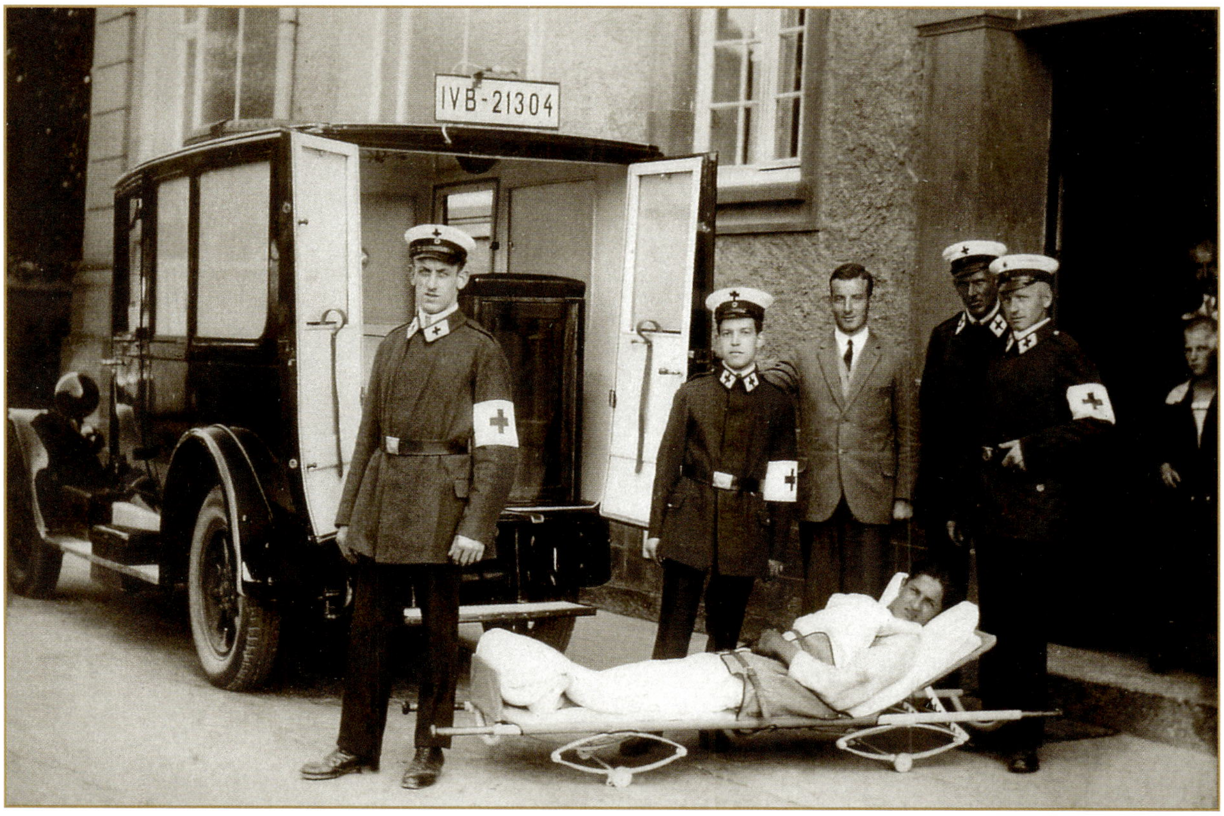

Mitglieder der Sanitätskolonne Durlach mit ihrem Sanitätswagen vor dem städtischen Krankenhaus Karlsruhe. Die Aufnahme stammt aus den 1920er- oder frühen 1930er-Jahren.

➢ **1727:**
Erlass einer Feuerordnung für Karlsruhe und Klein-Karlsruhe
➢ **1891/1892:**
Einrichtung von Feuermeldern und einer Feuernachtwache
➢ **1926:**
Gründung der Berufsfeuerwehr
➢ **1960:**
Einweihung der Feuerwache West in der Honsellstraße

Bei einer Löschübung der Freiwilligen Feuerwehr Karlsruhe am Hoftheater 1876. Auch an anderen wichtigen Gebäuden wie dem Schloss oder dem Rathaus übte die Feuerwehr wiederholt für den Katastrophenfall.

Gegen Feuer und Flamme

Das Löschwesen in Karlsruhe beruhte lange Zeit darauf, dass die Bürger im Brandfall gemäß der Feuerordnung beim Löschen halfen. Der Theaterbrand am 28. Februar 1847 machte deutlich, dass dies nicht ausreichte – bei dem Unglück, das 63 Menschen das Leben kostete, war die Stadt auf die Hilfe der Durlacher Feuerwehr angewiesen. Bereits im März 1847 entstand die Freiwillige Feuerwehr Karlsruhe. Sie umfasste zunächst drei, dann vier Kompanien mit je bis zu 120 Mann. Später diskutierte man immer wieder über eine Berufsfeuerwehr, die aber erst 1926 eingerichtet wurde. Im gleichen Jahr ging an der Ritterstraße eine neue, zentrale Feuerwache in Betrieb. Die Freiwillige Feuerwehr der Innenstadt löste sich wenig später auf, die Freiwilligen Wehren in den Stadtteilen blieben allerdings bestehen.

Die Wasser- und Spritzenmannschaft der Freiwilligen Feuerwehr Karlsruhe ließ sich 1908 vor dem Zentralfeuerhaus in der Hebelstraße 5 ablichten. Im gleichen Jahr wurde die bislang bestehende Feuernachtwache zu einer ständigen Feuerwache ausgeweitet.

Als Vorbild für die Karlsruher Wehr diente die 1846 gegründete Freiwillige Feuerwehr Durlach, die hier im Jahr 1916 bei einer Übung in der Rappenstraße zu sehen ist.

Mitglieder der Freiwilligen Feuerwehr Karlsruhe am 5. Februar 1917 nach dem Löschen des Brands in der Gaststätte Zum Moninger in der Kaiserstraße 142–144. Trotz erheblicher Schäden konnte ein Teil der Gastwirtschaft schon wenige Tage später wiedereröffnet werden.

Feier zur Einweihung der neuen Feuerwache in der Ritterstraße 48 am 26. September 1926.

- **1821–1824:** Bau eines Wasserleitungs- und Brunnensystems
- **1868–1871:** Bau des Wasserwerks im Durlacher Wald
- **1874:** 977 Gebäude verfügen über eigene Wasserhähne
- **1879–1885:** Korrektur und Überwölbung des Landgrabens
- **1907–1913:** Bau einer Schwemmkanalisation und einer Kläranlage

Von 1889 bis 1893 wurde am Südende des Stadtgartens ein Wasserbehälter erbaut, der 3,2 Millionen Liter fassen konnte.

Ver- und Entsorgung

Zur sogenannten Daseinsvorsorge zählen die Wasserversorgung, die Abwasserentsorgung, die Straßenreinigung und die Müllabfuhr. Die Versorgung mit Wasser erfolgte zunächst über öffentliche Brunnen. Doch mit der Inbetriebnahme des Wasserwerks im Durlacher Wald 1871 begann eine neue Ära: Immer mehr Gebäude erhielten Anschluss an das Trinkwassernetz, was nicht nur den Lebensstandard der Menschen verbesserte, sondern auch der Ausbreitung von Krankheiten entgegenwirkte. Bald wurde die Kapazität erweitert, unter anderem durch einen Wasserspeicher im Stadtgarten. Die Abwasserentsorgung verbesserte sich ebenfalls: Bis 1885 wurde der Landgraben zum zentralen Abwassersammelkanal ausgebaut und unter die Erde verlegt. Ab 1913 reinigte eine Kläranlage das Schmutzwasser vor der Einleitung in den Rhein.

Um ihn herum wurde ein künstlicher Hügel aufgeschüttet, der nach dem 1892 im Amt verstorbenen Oberbürgermeister Wilhelm Lauter den Namen Lauterberg erhielt.

Ab 1879 wurde der Landgraben korrigiert und überwölbt. Diese Maßnahme sollte nicht nur die Kapazität des Abwasserkanals erhöhen, sondern auch dessen unangenehmen Geruch von der Stadt fernhalten. Die Aufnahme zeigt die Arbeiten westlich der Scheffelstraße im Jahr 1882.

Straßenkehrer beim Reinigen des Marktplatzes nach dem Wochenmarkt 1911.

Ein Müllabfuhrwagen mit separatem Kübel für Abfälle zur Schweinemast um 1920.

- **8. Mai 1945:** Durch Luftangriffe sind 7790 Gebäude zerstört, 20.735 sind beschädigt
- **11. Juli 1946:** Der erste Schutträumzug fährt zum Rheinhafen
- **13. Dezember 1955:** Einweihung des wiederaufgebauten Rathauses

Kriegszerstörungen

Zu den verheerenden Folgen des Zweiten Weltkriegs zählte neben den großen Verlusten an Menschenleben auch die Zerstörung zahlreicher Gebäude. 1940 wurde Karlsruhe erstmals aus der Luft angegriffen. Große Schäden verursachten vor allem die Angriffe ab dem Jahr 1944. Bis Kriegsende zerstörten 135 Luftangriffe etwa ein Viertel der Bausubstanz, darunter viele Gebäude in der Innenstadt. Von 57.000 Wohnungen blieben nur 11.000 unbeschädigt. Zur Trümmerbeseitigung schlossen sich im September 1945 fünf Karlsruher Firmen zur Aufräumungs-Arbeitsgemeinschaft Karlsruhe (AAK) zusammen, die bis März 1950 bestand. Zum Abtransport der enormen Trümmermengen errichtete man eine Schuttbahn, die dreieinhalb Jahre lang in Betrieb war.

Bei einem Luftangriff am 27. Mai 1944 wurden Wohnhäuser in der Rüppurrer Straße, Ecke Treitschkestraße, nur unweit des Hauptbahnhofs völlig zerstört.

Die schwer beschädigte Halle des Hauptbahnhofs 1945. Der wichtige Verkehrsknotenpunkt wurde zwischen 1941 und 1944 mehrmals zum Ziel von Luftangriffen. 1952 begann der Wiederaufbau der Bahnsteigüberdachung.

Die Trümmer der zerstörten Gebäude wurden mit der Schuttbahn abtransportiert, wie hier in der Kaiserstraße auf Höhe der Herrenstraße 1946.

Blick vom Rathausturm nach Nordosten auf den Marktplatz und die Kaiserstraße 1946. Viele Gebäude waren komplett zerstört. An der Ecke des Modehauses Schöpf ist ein Zug der Schuttbahn zu sehen.

- **15. September 1946:** Denkschrift der Stadtverwaltung zum Wiederaufbau der Stadt
- **15. Dezember 1959:** Der Gemeinderat beschließt die Sanierung der Altstadt
- **1965:** Umzug der Verwaltung des Badenwerks in ein Hochhaus am Ettlinger Tor

Blick von Nordosten entlang der Kaiserstraße in Richtung Marktplatz 1950. Ruinen und einstöckige Behelfsbauten waren im Stadtzentrum bis weit in die 1950er-Jahre hinein an vielen Stellen zu sehen.

Die neue Stadt

Bereits 1946 begannen die Planungen für den Wiederaufbau der Stadt. Einige Gebäude, insbesondere die Weinbrennerbauten zwischen Marktplatz und Rondellplatz, wurden nach historischem Vorbild rekonstruiert. An anderen Stellen entstanden hingegen moderne Neubauten. Landesversicherungsanstalt und Badenwerk errichteten Hochhäuser, die in der Bevölkerung nicht nur auf Zustimmung stießen. Zur Modernisierung der Stadt wurden bald auch Bauten abgerissen, die den Zweiten Weltkrieg überstanden hatten. Dies war besonders bei der Altstadtsanierung der Fall: Im Dörfle wurden ganze Straßenzüge abgetragen, um Platz für neue Bauten zu schaffen. Gegen solch radikale Maßnahmen regte sich jedoch bald Widerstand, der stellenweise zu einer Änderung der Pläne führte.

In den 1950er-Jahren entstanden zahlreiche Neubauten im Stil der Zeit. Prägnante Gebäude waren das Hotel am Markt ...

... und das Kaufhaus Schneider am Europaplatz. Die Aufnahmen stammen aus den Jahren 1956 und 1957.

Hoch hinaus: Der Bau des neuen, 72 Meter hohen Verwaltungs-Hochhauses der Badenwerk AG am Ettlinger-Tor-Platz löste gemischte Reaktionen aus. Das Bild zeigt den Rohbau im August 1962.

Abbruch von Häusern an der Ecke Kronen- und Zähringerstraße im Zuge der Altstadtsanierung 1970.

- **15. Januar 1953:**
  Der Gemeinderat beschließt die Bebauung des Mühlburger Feldes
- **1955:**
  Am westlichen Teil des Flugplatzes beginnt der Bau von Wohnungen
- **10. September 1957:**
  Erster Spatenstich für den Bau der Waldstadt
- **24. Oktober 1961:**
  Der Gemeinderat beschließt den Bebauungsplan für das östliche Beiertheimer Feld
- **August 1964:**
  In Oberreut werden die ersten Wohnungen bezogen

Kinderspielplatz und die dahinter liegenden Wohnhäuser im Mühlburger Feld um 1955. Die erste Großsiedlung der Stadt bestach durch viel Freiraum und Grünflächen; circa 5000 Menschen lebten hier.

Die Stadt wächst weiter

Das Bevölkerungswachstum Karlsruhes nach dem Zweiten Weltkrieg verlangte nach neuem Wohnraum. In den Folgejahren wuchs die Stadt sowohl in die Breite als auch in die Höhe. Freie Flächen zwischen den Stadtteilen wurden bebaut: Auf dem Mühlburger Feld, dem westlichen Teil des Flugplatzes, dem Rintheimer Feld sowie dem Beiertheimer Feld wurden Wohnsiedlungen errichtet. Zudem entstanden zwei ganz neue Stadtteile: Im Nordosten der Stadt begann 1957 der Bau der Waldstadt, der Oberreuts wenig später im Südwesten. Hier wurde auch Wohnraum für die Bewohner der Altstadt geschaffen, deren Häuser für die Altstadtsanierung weichen mussten.

Am Entenfang wurde 1953/54 das erste Wohn-Hochhaus Karlsruhes gebaut. Die Aufnahme stammt aus dem Jahr 1958. Später entstanden in der Nachbarschaft noch zwei weitere Hochhäuser.

Blick von Südwesten auf das Wohngebiet Rintheimer Feld 1960. Links verläuft die Haid-und-Neu-Straße, rechts schräg die Mannheimer Straße, rechts unten ist die im Jahr zuvor geweihte Kirche St. Martin zu sehen.

Im Bau befindliche Reihenhäuser in der Waldstadt 1958, zu diesem Zeitpunkt noch Karlsruhe-Nord-Ost genannt. Der neue Stadtteil wurde in den Hardtwald gebaut, wie hier gut zu erkennen ist.

Kinder beim Spielen vor einem Wohnblock in Oberreut 1968. Viele Familien zogen in den neuen Stadtteil im Südwesten. 1970 wohnten hier 5700 Menschen in 1160 Wohnungen.

Politische Ereignisse

Allen Veränderungen zum Trotz gab es eine Konstante: Großherzog Friedrich I., der ab 1852 mehr als ein halbes Jahrhundert lang regierte. Seine Thronjubiläen und Geburtstage waren stets Anlass für groß inszenierte Feiern. Als Friedrich I. 1907 starb, endete eine Ära. Nur wenige Jahre später begann der Erste Weltkrieg, der für die Menschen in Karlsruhe weitreichende Folgen hatte: Die Versorgung mit Lebensmitteln wurde zunehmend problematisch, und Luftangriffe beeinträchtigten nicht nur das tägliche Leben, sondern hatten auch Todesopfer zur Folge.

Nach dem Ersten Weltkrieg wurde Baden Republik. Da der Versailler Vertrag eine entmilitarisierte Zone östlich des Rheins verlangte, verlor Karlsruhe seinen Status als Garnisonsstadt. Noch einschneidender waren später die Folgen der Weltwirtschaftskrise: Firmen mussten schließen, und immer mehr Menschen wurden arbeitslos. Die daraus resultierende Unzufriedenheit war auch in Karlsruhe ein wichtiger Nährboden für den Aufstieg der NSDAP.

Nach der Machtübernahme 1933 begannen die Nationalsozialisten damit, politische Gegner und Menschen, die nicht in ihr Weltbild passten, zu entrechten und zu verfolgen. Vielen Juden gelang die Flucht, die in der Stadt gebliebenen wurden 1940 in das südfranzösische Lager Gurs verschleppt. Nur die wenigsten von ihnen überlebten den Holocaust. Im Zweiten Weltkrieg wurde Karlsruhe wiederholt zum Ziel schwerer Luftangriffe, bei denen viele Menschen ihr Leben verloren und zahlreiche Gebäude zerstört wurden. Der Einmarsch französischer Truppen beendete im April 1945 den Krieg und die NS-Herrschaft. Wenig später wurde Karlsruhe Teil der amerikanischen Besatzungszone.

Die Besatzer begannen mit dem Aufbau demokratischer Strukturen. Die wichtigsten Aufgaben der neuen Stadtregierung bestanden darin, den Wiederaufbau vorzubereiten und die materielle Not der Menschen zu lindern. Dennoch prägten Wohnungs- und Nahrungsmittelmangel noch auf Jahre das Leben der Menschen. Erst mit der Währungsreform 1948 verbesserte sich die Lage.

Mit der Schaffung des Landes Baden-Württemberg verlor Karlsruhe endgültig seinen Hauptstadtstatus. Doch die Stadt wurde entschädigt: Bundesgerichtshof und Bundesverfassungsgericht ließen sich in Karlsruhe nieder und machten die Stadt zur „Residenz des Rechts“. Eine Kehrseite dieser Rolle zeigte sich in den 1970er-Jahren, als die RAF mehrmals Anschläge auf die Einrichtungen und ihre Mitarbeiter verübte.

Anlässlich des 70. Geburtstags von Großherzog Friedrich I. zog am 9. September 1896 ein großer Festzug durch die Innenstadt. Das Bild zeigt den Marktplatz bei der Vorbeifahrt des Wagens der Karlsruher Rudervereine, auf der Platzmitte ist die temporäre Festarchitektur mitsamt Badenia-Statue zu sehen.

- 1856:
  Friedrich I. wird Großherzog
- 1871:
  Das Großherzogtum Baden wird Teil des Deutschen Reichs
- 19. August 1889:
  Kaiser Wilhelm II. kommt erstmals nach Karlsruhe
- 1907:
  Friedrich II. wird Großherzog

Das 50-jährige Regierungsjubiläum Friedrichs I. im Jahr 1902 wurde ausgiebig gefeiert, unter anderem mit einer Jubiläums-Kunst-Ausstellung in der Ausstellungshalle. Das Bild zeigt den Großherzog beim Verlassen des Gebäudes nach dem Besuch der Ausstellung.

Ära Friedrich I.

Ab 1852 stand Friedrich I. an der Spitze des Großherzogtums Baden, zunächst als Regent, ab 1856 dann als Großherzog. Friedrich I. verfolgte eine liberale Politik, in der Bevölkerung genossen er und seine Gemahlin Luise großes Ansehen. Runde Geburtstage und Regierungsjubiläen des Großherzogs waren ebenso wie Besuche gekrönter Häupter Anlass für aufwendig inszenierte Feste und Paraden. Allein Kaiser Wilhelm II. kam zwischen 1889 und 1914 über 30 Mal nach Karlsruhe. Als Friedrich I. 1907 starb, endete eine Ära: 55 Jahre lang hatte er die Geschicke Badens maßgeblich bestimmt. Die Regierungszeit seines Nachfolgers Friedrich II. sollte nur bis 1918 dauern.

Auf dem Programm zur Feier der Goldenen Hochzeit von Großherzog Friedrich I. und Großherzogin Luise am 19. September 1906 stand eine Rundfahrt durch die festlich geschmückte Innenstadt. An einer am Durlacher Tor eigens errichteten Jubiläumssäule begrüßten 100 weißgekleidete Schulkinder die Jubilare.

Blick auf die Festversammlung anlässlich der Goldenen Hochzeit des Großherzogpaares in der Festhalle 1906.

Als Wilhelm II. im April 1904 Karlsruhe besuchte, verfolgten zahlreiche Schaulustige seine Ankunft am Marktplatz. Neben dem Kaiser sitzt, in eine Decke gehüllt, Großherzog Friedrich I. Im Hintergrund ist das Bezirksamtsgebäude zu sehen.

Am 28. September 1907 starb Großherzog Friedrich I. im Alter von 81 Jahren. Am Tag seiner Beisetzung säumten, wie hier am Marktplatz, Tausende den Trauerzug.

- ➢ **1. August 1914:** Mobilmachung der in Karlsruhe stationierten Regimenter
- ➢ **15. März 1915:** Erstmals Ausgabe von Brot- und Mehlkarten
- ➢ **15. Juni 1915:** Erster Luftangriff auf Karlsruhe
- ➢ **1918:** Eine Grippeepidemie fordert 349 Todesopfer

Bei Ausbruch des Kriegs gingen die meisten Menschen von einem schnellen Sieg des Deutschen Reichs aus. Entsprechend begeistert verabschiedete die Bevölkerung die ausziehenden Truppen, wie hier im August 1914 auf der Kaiserstraße die Soldaten des 1. Badischen Leib-Grenadier-Regiments Nr. 109.

Erster Weltkrieg

Auf den Ausbruch des Ersten Weltkriegs reagierten auch in Karlsruhe viele Menschen zunächst mit Begeisterung. Doch schon bald bekam die Bevölkerung die Folgen des Kriegs zu spüren: Frauen mussten in den Fabriken die an der Front kämpfenden Männer ersetzen, und der Mangel an Nahrung und Rohstoffen prägte das Leben der Menschen. Zudem wurde Karlsruhe mehrmals Ziel von Luftangriffen, 168 Menschen wurden dabei getötet, so viele wie in keiner anderen deutschen Stadt. Beim schlimmsten Angriff, der am 22. Juni 1916 wahrscheinlich zufällig die Besucher einer Zirkusvorstellung traf, kamen 120 Menschen, darunter 71 Kinder, ums Leben.

Wegen der Einberufung vieler Männer zum Heer mussten immer mehr Frauen berufstätig werden. 1915 waren Straßenkehrerinnen auf dem Marktplatz im Einsatz.

Durch seine Nähe zu Frankreich wurde Karlsruhe bereits im Ersten Weltkrieg zum Ziel von Fliegerangriffen. Der erste, der die Stadt am 15. Juni 1915 traf, führte unter anderem zu erheblichen Schäden am Haus Kriegsstraße 51.

Wegen des Rohstoffmangels wurden das Sammeln und Wiederverwenden von Produkten immer wichtiger. Das Bild zeigt Frauen 1918 in der Pfandleihe beim Sortieren abgegebener Wäschestücke. Heute befindet sich hier der Lesesaal des Stadtarchivs.

- ➢ **22. November 1918:** Großherzog Friedrich II. dankt ab
- ➢ **5. Januar 1919:** Wahl zur verfassungsgebenden badischen Nationalversammlung
- ➢ **10. November 1930:** Gründung der Karlsruher Notgemeinschaft
- ➢ **Dezember 1932:** Höhepunkt der Wirtschaftskrise mit über 9700 registrierten Arbeitslosen

Vom Großherzogtum zur Republik: Als Großherzog Friedrich II. auf die Ausübung der Regierungsgewalt verzichtete, versammelten sich am 13. November 1918 zahlreiche Menschen auf dem Marktplatz.

Die Einweihung des Leibgrenadierdenkmals am Lorettoplatz (heute Europaplatz) am 28. Juni 1925 stand noch ganz unter dem Eindruck des Ersten Weltkriegs.

Wirtschaftliche Probleme prägten die späten 1920er-Jahre. Beim Durlacher Bürgerfestumzug 1929, hier zu sehen auf Höhe des Schlossplatzes, warb der Gewerbe- und Handwerkerverein für die Unterstützung der vor Ort ansässigen Betriebe.

Viele Karlsruherinnen und Karlsruher hatten mit großen wirtschaftlichen Problemen zu kämpfen. Das Bild aus dem Jahr 1929 zeigt Erwerbslose, vermutlich bei der Auszahlung von Arbeitslosengeld.

Weimarer Republik

Das Ende des Ersten Weltkriegs führte zu erheblichen politischen Umwälzungen. Im November 1918 dankte Großherzog Friedrich II. ab, und die neue Regierung erklärte Baden zur Freien Volksrepublik. Karlsruhe wurde Teil der entmilitarisierten Zone rechts des Rheins, die Kasernen wurden aufgelöst, Rheinbrücke und Rheinhafen kamen vorübergehend unter französische Kontrolle. Politische und wirtschaftliche Probleme prägten vor allem die späten 1920er-Jahre. Auch in Karlsruhe machte sich die Weltwirtschaftskrise bemerkbar. Die Erwerbslosigkeit stieg trotz Notstandsarbeiten rapide an, und sogar die traditionsreiche Maschinenbaugesellschaft musste Konkurs anmelden. Die Unzufriedenheit mit den regierenden Parteien nahm zu – bei der Reichstagswahl im September 1930 wurde die NSDAP erstmals stärkste Partei in Karlsruhe.

- **1. April 1933: Boykott jüdischer Geschäfte**
- **17. Juni 1933: Bücherverbrennung auf dem Schlossplatz durch die Hitlerjugend**
- **7. März 1936: Aufhebung der entmilitarisierten Rheinzone**
- **9./10. November 1938: Zerstörung beider Synagogen und vieler jüdischer Geschäfte**

Anlässlich der Ernennung von Adolf Hitler zum Reichskanzler veranstaltete die NSDAP am Abend des 30. Januar 1933 einen Fackelzug, der auch das Leibgrenadierdenkmal am heutigen Europaplatz passierte. Schräg dahinter, etwas zurückgesetzt, ist die Hauptpost zu erkennen.

Nationalsozialismus

Die Ernennung von Adolf Hitler zum Reichskanzler am 30. Januar 1933 feierte die NSDAP mit einem Fackelzug durch die Karlsruher Innenstadt. Die neuen Machthaber begannen umgehend mit der Verfolgung politischer Gegner. Juden wurden systematisch entrechtet und drangsaliert: Dem Boykott jüdischer Geschäfte im April 1933 folgten 1938 die „Arisierung" jüdischen Eigentums sowie die Verwüstung der Synagogen in der Reichspogromnacht. Von den rund 3300 Juden, die 1933 in Karlsruhe lebten, flohen über 2000 ins Ausland. Bald hatte auch die Außenpolitik des NS-Regimes Folgen für Karlsruhe: 1936 ordnete Hitler die Besetzung des entmilitarisierten Rheinlands an, Karlsruhe wurde wieder Garnisonsstadt.

Am 16. Mai 1933 wurden führende Sozialdemokraten in einer demütigenden Schaufahrt ins KZ Kislau gebracht. Tausende säumten die Straßen, nur die wenigsten protestierten.

Am 12. März 1936, wenige Tage nach der Aufhebung der entmilitarisierten Rheinzone, kam Adolf Hitler für eine Kundgebung nach Karlsruhe. Am Flugplatz wurde er zusammen mit Heinrich Himmler, dem Reichsführer SS, empfangen.

Wichtiges Element der nationalsozialistischen Herrschaft waren Massenveranstaltungen, wie etwa die Kundgebung vor der Stadthalle anlässlich des Gautags der NSDAP am 17. April 1937.

Die in der Reichspogromnacht 9. November 1938 nur gering beschädigte Synagoge in der Kronenstraße wurde wenig später auf Anordnung der tadtverwaltung abgebrochen.

- **1. September 1939:** Mit dem deutschen Angriff auf Polen beginnt der Zweite Weltkrieg
- **5./6. August 1941:** Erster Bombenangriff auf Karlsruhe mit Todesopfern
- **4. Dezember 1944:** Beim größten Luftangriff kommen 375 Menschen ums Leben
- **4. April 1945:** Einmarsch französischer Truppen

Im Juni 1940 endete der Westfeldzug mit der Eroberung Frankreichs durch die Wehrmacht. Die siegreichen Truppen wurden bei ihrer Durchfahrt durch Karlsruhe von der Bevölkerung begeistert begrüßt.

Der enorme Bedarf an Metall für die Rüstungsindustrie machte auch vor Statuen nicht Halt. Im April 1940 wurde die vor dem Rathaus stehende Badenia zum Einschmelzen abtransportiert.

Zweiter Weltkrieg

Kurz nach dem Ausbruch des Zweiten Weltkriegs wurden vorübergehend 90.000 der 190.000 Einwohner Karlsruhes – vor allem Kinder, Ältere und Kranke – bis Weihnachten evakuiert, da die Stadt wegen ihrer Nähe zu Frankreich bedroht schien. Nach dem Sieg über Frankreich erreichte die Entrechtung der Juden eine neue Dimension. Im Oktober 1940 wurden über 900 Karlsruher Juden in das Lager Gurs in Südfrankreich verschleppt. Fliegerangriffe bestimmten zunehmend den Alltag in Karlsruhe. In der Nacht auf den 6. August 1941 kamen dabei erstmals Menschen ums Leben. Bis zum Kriegsende forderten die Bombardierungen insgesamt 1754 Menschenleben. Mit dem Einmarsch französischer Truppen am 4. April 1945 endeten der Zweite Weltkrieg und die Herrschaft der Nationalsozialisten in Karlsruhe.

Wie viele deutsche Städte war Karlsruhe Ziel von Luftangriffen, ein schwerer traf die Stadt am 3. September 1942. Die Aufnahme entstand kurz nach dem Angriff und zeigt Personen beim Betrachten der Zerstörungen in der Kaiserallee.

Auch in Karlsruhe mussten während des Kriegs Männer und Frauen Zwangsarbeit leisten. Das Bild aus dem Jahr 1943 zeigt vier sowjetische Zwangsarbeiter, die die Stadt beim Tiefbauamt einsetzte.

- **8. Juli 1945:** US-amerikanische Truppen lösen die französischen Besatzer ab
- **22. Juli 1945:** Die ersten Flüchtlinge aus ehemals deutschen Gebieten treffen in Karlsruhe ein
- **4. August 1945:** Hermann Veit (SPD) wird Oberbürgermeister
- **September 1945:** Gründung der Aufräumungs-Arbeitsgemeinschaft Karlsruhe (AAK)

Nur wenige Tage nach der Einnahme der Stadt durch französische Truppen stattete General Charles de Gaulle, der spätere Präsident Frankreichs, den Soldaten einen Besuch ab.

Die „Stunde Null“

Am Ende des Zweiten Weltkriegs standen viele Menschen buchstäblich vor den Ruinen ihrer Existenz. Für einige Wochen kontrollierten französische Soldaten die Stadt, danach wurde Karlsruhe Teil der US-amerikanischen Besatzungszone. Die ersten Jahre nach dem Krieg waren von großer materieller Not, Aufräum- und Wiederaufbauarbeiten sowie dem allmählichen Aufbau eines demokratischen Gesellschaftssystems geprägt. Eine zusätzliche Herausforderung bedeutete die Ankunft von Flüchtlingen und Vertriebenen aus ehemals deutschen oder deutsch geprägten Gebieten. Für sie wurde in der Artilleriekaserne in der Moltkestraße ein Lager eingerichtet. Im November 1945 waren hier bis zu 5000 Menschen untergebracht.

Zu Aufräum- und Bauarbeiten wurden auch deutsche Kriegsgefangene herangezogen, die, wie hier in der Kaiserstraße, von französischen Soldaten beaufsichtigt wurden.

Zahlreiche Flüchtlinge aus ehemals deutschen Gebieten fanden in Karlsruhe eine neue Heimat. Sie wurden zunächst behelfsmäßig in Flüchtlingslagern untergebracht, wie hier im Jahr 1947 in der Artilleriekaserne.

Sinnbild für den Neuanfang: drei Studenten, darunter ein offensichtlich kriegsversehrter, im Jahr 1946 im Ehrenhof der Technischen Hochschule.

- 19. September 1945: Karlsruhe wird Teil des neuen Landes Württemberg-Baden
- 26. Mai 1946: Erste Gemeinderatswahl nach dem Zweiten Weltkrieg
- 25. April 1952: Gründung des Landes Baden-Württemberg
- 8. Juni 1952: Günther Klotz (SPD) wird zum Oberbürgermeister gewählt

Wahlkampf auf Rädern: Bei der Oberbürgermeisterwahl 1952 setzten sowohl Franz Gurk (CDU) als auch Günther Klotz (SPD) auf Wahlwerbung per Straßenbahn und priesen sich beide als Fachmann an. Klotz gewann und leitete bis 1970 die Geschicke der Stadt.

Günther Klotz stieß weitreichende städtebauliche Entscheidungen an, für die er die Zustimmung des Gemeinderats benötigte. Das Bild zeigt den Oberbürgermeister im April 1961 im Bürgersaal des Rathauses bei einer Gemeinderatssitzung.

Rückkehr zur Demokratie

Nach dem Ende des Zweiten Weltkriegs kehrte Karlsruhe zur Demokratie zurück. Bereits 1945 formierten sich die Parteien, die in den kommenden Jahrzehnten die Politik prägen sollten. 1947 wurde Friedrich Töpper (SPD) Oberbürgermeister. Nach seinem Rücktritt 1952 wurde Günther Klotz (SPD) zu seinem Nachfolger gewählt. Ihm folgte 1970 Otto Dullenkopf (CDU). Mit der Gründung des Landes Württemberg-Baden verlor Karlsruhe im Herbst 1945 nach mehr als 200 Jahren seine Funktion als Hauptstadt. Danach bewegte die Menschen die Frage, ob das Land Baden wiederhergestellt oder Teil eines Südweststaats werden sollte. Obwohl bei der Volksabstimmung 1951 in Karlsruhe 68 Prozent für die Wiederherstellung Badens stimmten, ergab sich insgesamt eine Mehrheit für die Schaffung des Landes Baden-Württemberg – dessen Hauptstadt Stuttgart wurde.

Am 24. September 1950 hatte die Bevölkerung erstmals über die Frage abzustimmen, ob die alten Länder Baden und Württemberg wiederhergestellt oder zu einem neuen Südweststaat zusammengeschlossen werden sollten. Wahlplakate informierten Passanten nicht nur am Marktplatz.

Eine große Menschenmenge verfolgte in der Nacht vom 9. auf den 10. Dezember 1951 am Marktplatz die auf eine Leinwand projizierten Ergebnisse der zweiten und entscheidenden Abstimmung. Anders als in Karlsruhe ergab sich insgesamt eine Mehrheit für die Gründung des Landes Baden-Württemberg.

➢ **1. Oktober 1950:**
Gründung des Bundesgerichtshofs
➢ **28. September 1951:**
Eröffnung des Bundesverfassungsgerichts
➢ **6. Mai 1969:**
Der Neubau des Bundesverfassungsgerichts wird eingeweiht

Am 8. Oktober 1950 fand im Erbgroßherzoglichen Palais die feierliche Einweihung des Bundesgerichtshofs statt. Bundespräsident Theodor Heuss hielt die Eröffnungsansprache.

Wenige Tage vor der Einweihung des Bundesgerichtshofs lieferten Möbelpacker die letzten Einrichtungsgegenstände an.

Zu den Ehrengästen bei der Eröffnung des Bundesverfassungsgerichts im Prinz-Max-Palais am 28. September 1951 gehörte auch Bundeskanzler Konrad Adenauer, hier bei der Begrüßung durch die Richter.

Im Frühjahr 1969 zog das Bundesverfassungsgericht in einen Neubau am Schlossplatz. Das Foto entstand wenige Wochen vor der Einweihung und zeigt den Blick aus dem Sitzungssaalgebäude auf das Richtergebäude sowie das Schloss im Hintergrund.

„Residenz des Rechts"

Die Schaffung des Landes Baden-Württemberg 1952 bestätigte den Verlust der Hauptstadtfunktion Karlsruhes. Dafür siedelten sich die höchsten bundesdeutschen Gerichte in der Stadt an: 1950 der Bundesgerichtshof – und mit ihm die Generalbundesanwaltschaft als oberste Strafverfolgungsbehörde – und ein Jahr später das Bundesverfassungsgericht. Aus der ehemaligen Residenzstadt wurde die „Residenz des Rechts". Die Redewendung „bis nach Karlsruhe gehen" wurde in den Folgejahren Teil des täglichen Sprachgebrauchs.

- ➢ **20. April 1949:**
  Im Gebäude der Gastwirtschaft Zum Moninger eröffnet ein Amerikahaus
- ➢ **1950:**
  Baubeginn einer Siedlung für Angehörige der US-Armee östlich der Erzbergerstraße
- ➢ **26. März 1963:**
  Einweihung der Gedenkstätte und des Friedhofs im südfranzösischen Gurs

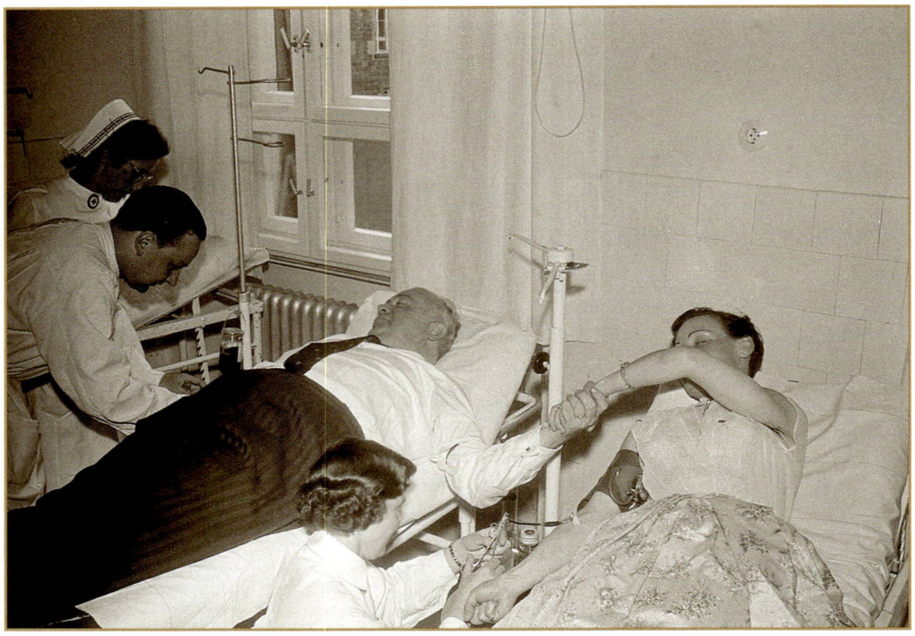

Mit Herzblut für die Völkerfreundschaft:
Zwei Mitglieder einer Delegation aus Nancy im Juli 1957 bei der Blutspende im Städtischen Krankenhaus.

Aus Feinden werden Partner

Nach dem Zweiten Weltkrieg wurde die Bundesrepublik Teil des westlichen Bündnissystems. Auch Karlsruhe bemühte sich um gute Beziehungen zu den ehemaligen Feinden. Mit dem Besuch einer Gruppe von Schülerinnen des Lessinggymnasiums in Nancy begann im April 1955 die Städtepartnerschaft Nancy–Karlsruhe, die schnell an Intensität gewann. Eine weitere Partnerschaft ging die Stadt 1969 mit dem britischen Nottingham ein. Die Nancyhalle und die Nottingham-Anlage bezeugen die engen Verbindungen. Auch aus den Besatzern wurden Partner: Für fünfzig Jahre – von 1945 bis 1995 – waren Angehörige der US-Armee in Karlsruhe stationiert, mit denen ebenfalls gute Beziehungen gepflegt wurden. Immer wieder lud die US-Armee zu Besichtigungen oder zu Volksfesten, der sogenannten „Amimess", ein.

Anlässlich des 20-jährigen Jubiläums der Städtepartnerschaft lief der 69-jährige Georges Hurbain im Juni 1975 zu Fuß von Nancy nach Karlsruhe. Das Bild zeigt ihn bei seiner Ankunft am Marktplatz.

Werbung am Kaufhaus Karstadt für die vom 28. September bis 6. Oktober 1973 stattfindende *Britische Woche*. Der Oberbürgermeister von Nottingham zeigt mit seinem Stock die Lage seiner Heimat auf einer Großbritannien-Karte.

Waffenschau der US-amerikanischen Streitkräfte bei einem Tag der Armee im Mai 1963.

Eine Pionier-Kompanie, mit der die US-Truppen in der Knielinger Kaserne verstärkt werden sollten, wurde Ende Oktober 1961 am Karlsruher Hauptbahnhof begrüßt.

- ➢ **1968/1969:**
  Demonstrationen von Jugendlichen und Studierenden
- ➢ **4. März 1975:**
  Anschlag von Frauen der Revolutionären Zellen auf das Bundesverfassungsgericht
- ➢ **7. April 1977:**
  Ermordung von Generalbundesanwalt Siegfried Buback durch die RAF

Im Mai 1968 versammelten sich Studentinnen und Studenten auf dem Schlossplatz und in der Karl-Friedrich-Straße zu einer Demonstration gegen die Notstandsgesetze und den Vietnamkrieg.

Unruhige Zeiten

Im Jahr 1968 erlebte Deutschland eine Welle von Studentenprotesten. Auch in der Universitätsstadt Karlsruhe gingen zahlreiche Studierende und Jugendliche auf die Straße, um gegen die Notstandsgesetze, die Bildungspolitik oder den Vietnamkrieg zu demonstrieren. Konfrontationen blieben dabei nicht aus: Im Stadtteil Durlach besetzten Jugendliche den Basler-Tor-Turm, der schließlich von der Polizei geräumt wurde. Zu einer weitaus größeren Herausforderung nicht nur für den Rechtsstaat, sondern auch für die Gesellschaft entwickelten sich die Aktivitäten der Roten Armee Fraktion. Aufgrund seiner Funktion als „Residenz des Rechts“ wurde Karlsruhe in den 1970er-Jahren zum Schauplatz mehrerer Attentate und Anschlagsversuche der RAF.

Als sich der von Jugendlichen genutzte Basler-Tor-Turm in Durlach in ein antiautoritäres Jugendheim verwandelte, kündigte die Stadt den Mietvertrag. Die Auseinandersetzungen eskalierten, und der Turm wurde besetzt. Am 28. Mai 1969 räumte schließlich ein Großaufgebot der Polizei den „roten Turm“. Das Bild zeigt den Blick aus dem Turm auf Polizisten und Schaulustige.

Der Bundesgerichtshof als höchste Instanz in Zivil- und Strafverfahren und die dort tätigen Richter gerieten ins Visier der RAF. Am 15. Mai 1972 explodierte am Auto des Bundesrichters Wolfgang Buddenberg ein Sprengsatz, der seine Frau schwer verletzte.

Terrorjahr 1977: An der Kreuzung Linkenheimer Landstraße (heute Willy-Brandt-Allee) und Moltkestraße ermordeten Mitglieder der RAF am 7. April 1977 Generalbundesanwalt Siegfried Buback und zwei Begleiter. Die Trauerfeier für die Ermordeten in der Stadtkirche – hier ein Blick auf den Marktplatz – fand unter großer Anteilnahme der Bevölkerung statt. Ein Anschlag auf die Bundesanwaltschaft nur wenige Monate später scheiterte.

6 Hauptbahnhof Marktplatz Kaiserstr. → Mühlburger Tor Schillerstr. Kühler Krug
Kühler
1
2
3
Umbau von
Rolle auf Bügel
April-Juni 1913
Städt. Strassenbahn
Karlsruhe.

Transport und Verkehr

In der zweiten Hälfte des 19. Jahrhunderts änderten sich Transport und Verkehr grundlegend. Die Eisenbahn beförderte Menschen und Waren schnell und preisgünstig. Der 1843 erfolgte Anschluss an das Eisenbahnnetz war ein wichtiger Meilenstein für die Entwicklung Karlsruhes. Aufgrund ihrer Lage wurde die Stadt schon bald zu einem Eisenbahnknoten. Zunächst befand sich der Karlsruher Hauptbahnhof an der Kriegsstraße östlich des Ettlinger Tors. Doch die Gleise durchschnitten das Stadtgebiet und blockierten die Verbindung von der Innenstadt nach Süden, sodass der Bahnhof 1913 an seine heutige Stelle verlegt wurde.

Auch der Verkehr innerhalb der Stadt veränderte sich. Ab 1873 fuhr eine Pferdebahn durch die Straßen und verkürzte die Transportzeiten. Wenig später kam eine Dampfbahn hinzu. Im Jahr 1900 wurden Pferde- und Dampfbahn auf elektrischen Betrieb umgestellt. Die Elektrische, deren Netz sich immer weiter ausdehnte, wurde zu einem unverzichtbaren Transportmittel für die Menschen.

Der Rhein war lange Zeit nicht nur eine wichtige Transportader, sondern auch eine Barriere. Letzteres änderte sich mit der Inbetriebnahme einer Rheinbrücke, die den Weg in die Pfalz erheblich vereinfachte. Weitaus länger musste Karlsruhe ohne eigenen Hafen auskommen, obwohl der Transport von Gütern per Schiff für die Industrie immer wichtiger wurde. Erst 1901 ging der Rheinhafen in Betrieb, der in den Folgejahren immer wieder ausgebaut werden musste, um den wachsenden Güterumschlag zu bewältigen. Auch der Flugverkehr nahm in Karlsruhe vorübergehend einen großen Aufschwung. In den 1920er- und 1930er-Jahren verfügte der Flugplatz zeitweise über diverse Linienverbindungen ins In- und Ausland. Die Anbindung Karlsruhes per Straße verbesserte sich in dieser Zeit ebenfalls: 1937 erhielt die Stadt Anschluss an das neu entstehende Autobahnnetz.

Nach dem Zweiten Weltkrieg brach das Zeitalter des Automobils an. Immer mehr Menschen konnten sich ein Auto leisten, und die Stadtplaner strebten nach der Schaffung einer autogerechten Stadt mit breiten Straßen und zahlreichen Parkgelegenheiten. Doch schon bald zeigten sich die Kehrseiten einer auf das Auto ausgerichteten Verkehrsplanung. Folglich begann man gegenzusteuern: Ab 1972 wurde die Kaiserstraße Stück für Stück zur Fußgängerzone umgewandelt. Nach dem Abschluss der Umbauten konnte auf dem Marktplatz erstmals seit Langem wieder ein Wochenmarkt stattfinden.

Blick auf Fuhrpark und Mitarbeiter der städtischen Straßenbahn vor dem Depot an der Tullastraße 1913. Anlass für das Foto, für das auch ein Kind und ein Hund posierten, war der Austausch der Stromabnehmer an den Wagen.

➢ **10. April 1843:**
Eröffnung der Bahnstrecke von Heidelberg nach Karlsruhe
➢ **4. August 1862:**
Eröffnung der Strecke von Karlsruhe nach Maxau
➢ **22./23. Oktober 1913:**
Inbetriebnahme des neuen Hauptbahnhofs südlich des Stadtgartens

Blick von Nordwesten auf den alten Hauptbahnhof und den Vorplatz an der Kriegsstraße um 1900. Zur Weiterfahrt stehen ganz links ein Zug der Lokalbahn, daneben eine Straßenbahn und rechts im Bild diverse Kutschen bereit.

Eisenbahn

Die Eisenbahn revolutionierte den Verkehr: Das neue Verkehrsmittel beschleunigte und verbilligte den Transport von Menschen und Gütern in bisher nicht gekanntem Ausmaß. In Karlsruhe begann das Zeitalter der Eisenbahn 1843. Bald wurde die Stadt zum Knotenpunkt: Hier trafen sich die Strecken aus Heidelberg und Mannheim im Norden, aus Pforzheim und Heilbronn im Osten sowie aus Rastatt im Süden. Doch der zunehmende Bahnverkehr wurde zum Problem. Die Gleise entlang der Kriegsstraße und der Beiertheimer Allee entwickelten sich zum Verkehrshindernis: Die Schranken am Bahnübergang Ettlinger Straße waren fast zehn Stunden am Tag geschlossen. Stadtverwaltung und Bürgerschaft befürworteten eine Hochlegung der Gleise und des Bahnhofs an alter Stelle, doch die badische Regierung setzte eine Verlegung an einen neuen Standort südlich des Stadtgartens durch. Im Zweiten Weltkrieg wurde der Hauptbahnhof schwer beschädigt. Der Wiederherstellung der Bahnanlagen folgte eine technische Modernisierung, bis 1959 wurden die Bundesbahnstrecken im Bereich Karlsruhe elektrifiziert.

Der Bahnübergang an der Ettlinger Straße 1913: Während ein Zug von Westen in den alten Hauptbahnhof einfährt, kommt der Verkehr auf der Straße zum Erliegen. Lediglich für Fußgänger gab es seit 1886 eine Unterführung. Im Hintergrund ist in der Bildmitte das Hotel Germania zu sehen.

Blick vom Lauterberg auf die Baustelle des neuen Hauptbahnhofs 1911.
Das Empfangsgebäude war bereits im Rohbau fertiggestellt.

Bauarbeiter auf dem Dach des neuen Hauptbahnhofs 1913.

Innenansicht des neuen Hauptbahnhofs kurz vor der Inbetriebnahme 1913. In der Woche nach der Eröffnung lösten 30.000 Menschen Bahnsteigkarten, um das Gebäude zu besichtigen.

- **9. Dezember 1911:** Eröffnung des neuen Durlacher Bahnhofs
- **4. Juli 1957:** Einfahrt der ersten elektrischen Lokomotive in den Hauptbahnhof
- **22. Juni 1963:** Im Bahnhof Durlach hält erstmals ein Autoreisezug

In Durlach wurde bereits 1911 die nahe dem Zentrum verlaufende Bahnstrecke mitsamt dem Bahnhof verlegt. Das Bild zeigt die Ausgangssituation aus nördlicher Blickrichtung. Die Gleise verliefen entlang der heutigen Ernst-Friedrich-Straße, unten quer ist die Durlacher Allee zu sehen, hinter den Gleisen befand sich das Gelände der Firma Gritzner.

Der westlich der alten Station gelegene neue Durlacher Bahnhof im Jahr seiner Fertigstellung 1911.

Am 20. Mai 1951 hielt zum ersten Mal seit dem Zweiten Weltkrieg der D-Zug Rheingold im Karlsruher Hauptbahnhof. Die Kriegsschäden an der Bahnsteighalle waren zu diesem Zeitpunkt noch nicht beseitigt.

Eine festlich geschmückte Lokomotive bei der Eröffnung des elektrischen Zugbetriebs zwischen Offenburg und Karlsruhe am 4. Juli 1957 im Hauptbahnhof.

Zahlreiche Schaulustige fanden sich am 17. Juli 1964 am Bahnhof Karlsruhe-Durlach zur Ankunft des ersten Tages-Autoreisezuges zwischen Düsseldorf und Karlsruhe ein.

- ➢ **21. Januar 1877:** **Eröffnung der Pferdebahn durch die Kaiserstraße**
- ➢ **16. Juli 1881:** **Inbetriebnahme der Dampfbahn nach Durlach**
- ➢ **1907:** **Städtisches Krankenhaus, Kühler Krug und Rheinhafen per Straßenbahn erreichbar**
- ➢ **1912:** **Die Straßenbahn zählt fast 16 Millionen Passagiere**

Straßenbahn

Die Geschichte der Karlsruher Straßenbahn begann 1877 mit der Inbetriebnahme der Pferdebahn vom Durlacher Tor zum Mühlburger Tor. Noch im selben Jahr wurde das Netz nach Mühlburg und zum damaligen Hauptbahnhof am Ettlinger Tor erweitert. Ab 1900 wurde das Streckennetz elektrifiziert und weiter ausgebaut. Immer mehr Menschen nutzten die Straßenbahn, um zur Arbeit oder zum Einkaufen zu fahren. Ihre Bedeutung als Massentransportmittel veranlasste schließlich die Stadt, das Unternehmen zu kaufen und als städtischen Betrieb weiterzuführen. In den 1920er-Jahren wuchs das Streckennetz erneut. Im Zweiten Weltkrieg wurde der Verkehr nach und nach eingestellt, doch bereits am 30. Mai 1945 ging der erste Abschnitt wieder in Betrieb, und fünf Jahre später war das Vorkriegsnetz wiederhergestellt. Im Gegensatz zu vielen anderen Städten hielt Karlsruhe auch danach an der Straßenbahn fest: Ende der 1970er-Jahre war Karlsruhe eine von nur vier bundesdeutschen Städten, in denen das Straßenbahnnetz länger war als Ende der 1920er-Jahre.

Verkehrsknoten Durlacher Tor im Jahr 1893: Eine Dampfbahn steht zur Abfahrt nach Durlach bereit, davor fahren Soldaten mit Pferdekarren in Richtung des Karlsruher Zentrums. Auf dem Platz in der Bildmitte wurde ab 1896 die Bernharduskirche errichtet, im Hintergrund sind die ersten Häuser der neu entstehenden Oststadt zu sehen.

Die Pferdebahn vom Durlacher Tor Richtung Mühlburg in der Kaiserstraße kurz vor 1900. In der Bildmitte ist das Gebäude der Technischen Hochschule zu erkennen, weiter rechts im Hintergrund die im Bau befindliche Bernharduskirche.

Ab 1900 fuhr die Straßenbahn elektrisch. Das Bild aus dem Jahr 1911 zeigt einen Wagen der Linie 1 mit Personal am Rheinhafen vor der Abfahrt Richtung Durlach.

Im Jahr 1905 wurde am Durlacher Tor der Abzweig für die neue Strecke zum Hauptfriedhof gebaut. Dahinter steht die mittlerweile fertiggestellte Bernharduskirche.

➢ **1929:**
Das Netz reicht bis nach Knielingen, Daxlanden, Rappenwört und Rintheim
➢ **20. Juli 1947:**
Die Straßenbahn fährt wieder durch die Kaiserstraße
➢ **22. Dezember 1960:**
Eröffnung der Strecke in die Waldstadt

Straßenbahn im Krieg: Innenansicht eines Lazarett-Straßenbahnwagens mit Verwundeten und Sanitätern 1914/1915. In den speziell umgebauten Wägen wurden die mit dem Zug ankommenden Verwundeten vom Bahnhof in die Lazarette transportiert.

Trotz der Zerstörungen im Zweiten Weltkrieg war die Kaiserstraße ab dem 23. Dezember 1945 wieder für Straßenbahnen befahrbar. Im Sommer 1946 entstand diese Aufnahme; kurz danach wurde der Abschnitt für einige Monate gesperrt, um die Trümmerräumung zu beschleunigen.

Obst- und Gemüsetransport per Straßenbahn von der Markthalle beim Ettlinger Tor nach Durlach, Knielingen und Daxlanden: Zwei Schaffner im April 1951 beim Beladen eines Anhängers vor der Markthalle.

Erste Netzerweiterung nach dem Zweiten Weltkrieg: Am 28. November 1953 wurde die bisher an der Hertzstraße endende Linie durch die Siemensallee bis zur Neureuter Straße verlängert. Nach der Jungfernfahrt hielt Oberbürgermeister Klotz (vor dem Wagen in der Mitte) an der neuen Endhaltestelle eine Ansprache.

- ➢ **1890/1891:**
  Inbetriebnahme der Lokalbahn von Durmersheim nach Spöck
- ➢ **1897/1898:**
  Eröffnung der Albtalbahn nach Ettlingen und Herrenalb
- ➢ **1. Februar 1932:**
  Der Betrieb auf der innerstädtischen Lokalbahnstrecke endet
- ➢ **1. September 1961:**
  Die Albtalbahn ist komplett umgespurt

Gleisbauarbeiten an der Lokalbahnstrecke 1903. Die Aufnahme entstand vor der Gastwirtschaft Stadt Baden in der Kriegsstraße, Ecke Lessingstraße.

Lokal- und Albtalbahn

Zwei Schmalspurbahnen verbanden ab den 1890er-Jahren die Orte mit Karlsruhe, die nicht an das Normalspurnetz angeschlossen waren. Die Lokalbahn – das Lobberle – fuhr von Spöck über Hagsfeld und Rintheim zum Lokalbahnhof in der Kapellenstraße und von dort weiter über den damaligen Hauptbahnhof nach Grünwinkel, Mörsch und Durmersheim. Doch schon bald machten ihr Staats- und Straßenbahn immer größere Konkurrenz. Schritt für Schritt wurde die Strecke verkürzt, 1955 endete der Betrieb ganz. Die Albtalbahn, die nach Ettlingen und weiter nach Herrenalb fuhr, blieb hingegen bestehen. 1957 wurde entschieden, sie in städtische Regie zu übernehmen, auf Normalspur umzubauen und in das Straßenbahnnetz einzubinden.

Eine Lokalbahn von Spöck Richtung Durmersheim kreuzt im Jahr 1910 die Karlstraße. Im Hintergrund die beiden Torhäuschen des Karlstors.

Der Albtalbahnhof im Jahr 1899. Zu diesem Zeitpunkt fuhr die Albtalbahn durch die Ettlinger Straße und endete am Festplatz, südwestlich des damaligen Hauptbahnhofs. Nach der Fertigstellung des neuen Hauptbahnhofs wurde der Albtalbahnhof an seine heutige Stelle verlegt.

Am 18. April 1958 wurde das erste Teilstück der umgebauten Albtalbahn in Betrieb genommen.
Die Aufnahme zeigt den Blick aus dem Wagen auf der Jungfernfahrt bei der Ankunft am Schloss Rüppurr.

- 8. Mai 1865: Die Schiffbrücke über den Rhein wird in Betrieb genommen
- 17. Januar 1938: Freigabe der neuen Brücke über den Rhein
- 13. Mai 1947: Einweihung der Nachkriegsbrücke
- 16. Dezember 1966: Die neue Straßenbrücke wird dem Verkehr übergeben

Die zur Überquerung geschlossene Schiffbrücke über den Rhein kurz nach 1900. Die Brücke ruhte auf Pontonschiffen; in der Mitte befand sich das Eisenbahngleis, rechts und links davon waren die Fahrwege.

Rheinbrücke

Erst 1840 wurde bei Knielingen eine erste Brücke über den Rhein eröffnet. Sie wurde 1865 durch eine neue, von Schiffen getragene Brücke ersetzt, die für den Rheinverkehr geöffnet werden konnte. Als dieser später zunahm, wurde sie mit ihrer umständlichen Ausschwenktechnik zum Verkehrshindernis. Doch erst 1938 ging eine feste Brücke in Betrieb. Als das Bauwerk nur sieben Jahre später in der Endphase des Zweiten Weltkriegs gesprengt wurde, bedeutete dies einen starken Einschnitt. Folglich sorgten die Besatzungsmächte dafür, dass die Lücke schnell geschlossen wurde. Eine weitere Brücke entstand später aufgrund des zunehmenden Autoverkehrs.

Fuhr ein Zug über die Brücke, gaben die Pontonschiffe unter dem Gewicht deutlich nach, wie auf dem um 1926 entstandenen Foto gut zu erkennen ist.

Die geöffnete Schiffbrücke im Jahr 1938 vom Pfälzer Ufer aus gesehen. Die neue Brücke befindet sich rechts im Bild. Sie wurde im Frühjahr 1945 zerstört.

Südlich der alten Brücke ließen die Besatzungsmächte eine neue Brücke errichten. Das Bild zeigt französische und US-amerikanische Soldaten vor der Übergabe des Bauwerks am 13. Mai 1947.

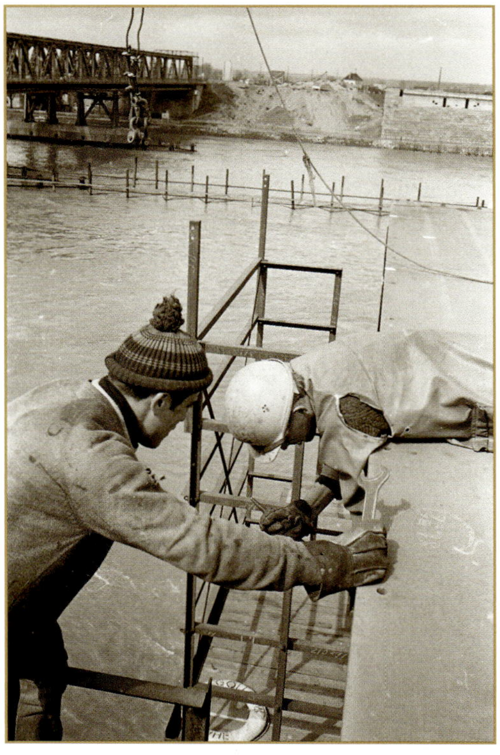

Bei den Arbeiten an der neuen Straßenbrücke über den Rhein im April 1965. Links die Brücke aus dem Jahr 1947, die noch bis 1991 für den Eisenbahnverkehr genutzt wurde.

- ➢ **1817:**
  Beginn der Rheinbegradigung bei Knielingen
- ➢ **1. Mai 1901:**
  Der Rheinhafen wird für den Verkehr freigegeben
- ➢ **1913/1916:**
  Nordbecken (heute Becken I) und Südwestbecken (Becken IV) gehen in Betrieb
- ➢ **1934/1935:**
  Der Hafen wird erneut ausgebaut und erweitert
- ➢ **24. April 1963:**
  Der Ölhafen wird in Betrieb genommen

Rheinhafen

Obwohl der Rhein als Verkehrsader immer wichtiger wurde, verfügte Karlsruhe lange über keinen eigenen Hafen. Der nächstgelegene Hafen befand sich zunächst in Leopoldshafen, dann in Maxau. Doch der zunehmende Warenumschlag verlangte nach einem neuen Hafen nahe der Stadt. Im September 1898 begannen die Bauarbeiten, die offizielle Einweihung erfolgte am 27. Mai 1902. Bereits 1911 stieg der Umschlag auf mehr als eine Million Tonnen jährlich, sodass der Hafen ausgebaut wurde. Nach dem Ersten Weltkrieg ging der Güterumschlag zunächst zurück. Doch bald setzte erneut ein Aufschwung ein, der erst im Zweiten Weltkrieg endete. Danach wurde Öl zum wichtigsten Gut: Für den Transport der in Karlsruhe erzeugten Raffinerieprodukte ging 1963 acht Kilometer flussabwärts der Ölhafen in Betrieb.

Blick auf das Mittelbecken und das dort ankernde Schleppboot Baden um 1910. Im Hintergrund sind mittig die Werfthalle I und links das Getreidelagerhaus zu erkennen.

Der Rheinhafen um 1920 aus der Luft, mit Blick Richtung Südosten. Vorne im Bild das Nordbecken, dahinter das Mittel- und das Südbecken. Es ist deutlich zu erkennen, dass zu diesem Zeitpunkt Kohle das wichtigste Umschlaggut war.

Holz war lange Zeit das zweitwichtigste Umschlaggut. Das um 1913 entstandene Bild zeigt Hafenarbeiter am Südbecken beim Verladen.

Bei der Verladung von Autos und Lastkraftwagen aus Stuttgarter Produktion im September 1956.

➢ **1913/1914:**
Einrichtung einer Flugzeuglandestelle auf dem Exerzierplatz
➢ **1924:**
Erweiterung zum Flugplatz
➢ **1957:**
Der Flugplatz Forchheim wird dem Flugverkehr übergeben
➢ **2000:**
Verlagerung des Flugbetriebs auf den Flughafen Karlsruhe/Baden-Baden

Anlässlich einer Militärparade stattete am 11. September 1909 mit dem Luftschiff Z 3 erstmals ein Zeppelin Karlsruhe einen Besuch ab. Auf dem Schlossplatz beobachteten zahlreiche Menschen den Vorbeiflug. Da die Personen auf dem Bild nicht zum Zeppelin schauen, handelt es sich wahrscheinlich um eine Fotomontage.

Luftfahrt

Als im September 1909 erstmals ein Zeppelin über Karlsruhe flog, waren die Straßen und Plätze gesäumt von jubelnden Menschen. Doch schon bald zeigte sich, dass Flugzeuge dem Luftschiff überlegen waren. Dies galt auch für den militärischen Einsatz. In Karlsruhe entstand auf dem Exerzierplatz eine Flugzeuglandestelle, auf der im Ersten Weltkrieg eine militärische Fliegerstaffel stationiert war. Danach begann eine kurze Blütezeit: Die Landestelle wurde zum Flugplatz erweitert, und Karlsruhe erhielt vorübergehend eine Flugverbindung nach Berlin. Nach dem Zweiten Weltkrieg nutzte die US-Armee den Flugplatz. Der zivile Flugbetrieb wurde zunächst auf den Flugplatz Karlsruhe-Forchheim südwestlich der Stadt und später von dort auf den Flughafen Karlsruhe/Baden-Baden südwestlich von Rastatt verlagert.

Der Zeppelin Schwaben am 29. September 1911 bei der Landung auf dem Exerzierplatz.

Am 17. März 1912 starteten am Gaswerk West an der Kaiserallee Ballone zu einem Flugwettbewerb.

Vorbereitungen für den Start eines Eindeckers im Rahmen des Zuverlässigkeitsflugs am Oberrhein im Mai 1912. Der Wettbewerb diente der Erprobung neuer Flugzeugmodelle und wurde zwischen 1911 und 1914 jährlich ausgetragen.

Bei einer Veranstaltung der Luftsportjugend auf dem Flugplatz Forchheim im Juli 1968. Heute befindet sich die Karlsruher Messe auf dem Gelände.

- **7. Januar 1924:** **Eröffnung der ersten Tankstelle in Karlsruhe**
- **1926:** **Gründung des Vereins zur Vorbereitung der Autostraße Hamburg – Frankfurt – Basel**
- **1. Oktober 1937:** **Einweihung der Autobahnstrecke von Bruchsal nach Karlsruhe**

Ein Fahrzeug vor dem Gebäude der Automobilzentrale Schoemperlen & Gast in der Amalienstraße 63 nach 1915. Damals noch ein seltener Anblick in den Straßen Karlsruhes.

Blick in die Hebelstraße und auf den dahinter liegenden Marktplatz. Um 1930, als diese Aufnahme entstand, fuhren auch in der Innenstadt noch relativ wenige Autos.

Beginn des Automobilzeitalters

Mit dem 20. Jahrhundert begann das Zeitalter des Automobils. Doch die Erfindung des Karlsruhers Carl Benz wurde nur langsam massentauglich: 1907 gab es in der Stadt erst 50 Autos und sechs Lastkraftwagen, die meisten Fahrzeuge auf den Straßen waren Fuhrwerke. Auch Anfang der 1930er-Jahre wurden noch Postpferde bei der Paketzustellung eingesetzt. Doch allmählich nahm die Zahl der Personenkraftwagen zu. Ab 1937 war Karlsruhe durch eine Autobahn mit Frankfurt verbunden, ein Jahr später ging der Abschnitt nach Pforzheim in Betrieb. Zu diesem Zeitpunkt war das Verkehrsaufkommen noch sehr gering – die Vorbeifahrt eines Autos war ein Ereignis, auf das Kinder auf den Brücken stehend warteten.

Die Baustelle der Autobahn von Bruchsal nach Karlsruhe bei Durlach 1937. Im Hintergrund verläuft quer die Brücke der heutigen Durlacher Allee.

Blick von der Brücke der heutigen Durlacher Allee nach Norden 1937.
Das Motiv wurde für Ansichtskarten verwendet. Links im Bild befindet sich die Tankstelle an der Ausfahrt Durlach. In Richtung Frankfurt fährt lediglich ein einzelner Bus – ein heute kaum noch vorstellbares Verkehrsaufkommen.

- **14. November 1962:** Zulassung des 50.000. Kraftfahrzeugs
- **11. November 1970:** Freigabe des ersten Abschnitts der Südtangente
- **20./21. November 1972:** Eröffnung der ersten Fußgängerzonen

Arbeiten für die autogerechte Stadt: Ausbau und Absenkung der Kriegsstraße auf Höhe der Kreuzung mit der Ettlinger Straße 1965. Weiter hinten ist mittig die Markthalle zu erkennen, die später dem Neubau des Badischen Staatstheaters weichen musste.

Die autogerechte Stadt

Nach dem Zweiten Weltkrieg wurde das Automobil zum Massenverkehrsmittel. 1950 gab es in Karlsruhe rund 7700 Kraftfahrzeuge, bis 1970 stieg die Zahl auf etwa 74.000. Die Verkehrsplanung dieser Jahre verfolgte das Ziel, das Straßennetz auszubauen und eine autogerechte Stadt zu schaffen. Die erste Tiefgarage öffnete 1959, ein Jahr später das erste Parkhaus. Doch der Ausbau der Verkehrsflächen konnte mit der Zunahme an Fahrzeugen nicht mithalten. Häufige Staus und ein allmählich aufkommendes Umweltbewusstsein lösten ein Umdenken aus. 1972 wurden am Marktplatz und an der Hauptpost die ersten Fußgängerzonen eröffnet. Bis 1984 wurde die Kaiserstraße zwischen Europaplatz und Kronenplatz als Fußgängerzone umgestaltet.

Mitglieder des Gemeinderats besichtigten im März 1965 die Baustelle für die Unterführung unter dem Schlossplatz. Weiter oben sind die Gebäude am Zirkel zu sehen.

Blick von Westen auf einen Verkehrsstau am Europaplatz im Juni 1963.

Großer Andrang herrschte, als am 6. September 1974 in der Kaiserstraße zwischen Herren- und Ritterstraße die erste ausgebaute Fußgängerzone eingeweiht wurde. Die Aufnahme zeigt den Blick vom Haus Kaiserstraße 163/165.

Neue Technik und ihre Vermittlung: Die Teilnehmer eines „elektrischen Kurses“ für Handwerksmeister in der Landesgewerbehalle zeigten sich im März 1898 stolz mit ihren elektrischen Geräten.

Wirtschaft und Industrie

Nach der Reichsgründung 1871 wurde Karlsruhe von der Dynamik der Industrialisierung erfasst. Die Residenzstadt mit ihrer von Zünften dominierten Wirtschaft wandelte sich zu einer industriell geprägten Großstadt. Wirtschaft und Arbeitsmarkt veränderten sich erheblich. Der Status Karlsruhes als Residenzstadt spielte für seine wirtschaftliche Entwicklung eine immer geringere Rolle. Weitaus wichtiger waren nun die Industriebetriebe, die sich am Stadtrand niederließen.

Die Stadt erschloss mehrere Industrieviertel: Im Osten vor dem Durlacher Tor standen ab 1890, im Südwesten zwischen Mühlburg und Beiertheim ab 1899 neue Flächen für Fabrikbauten zur Verfügung. Ein drittes Industriegebiet entstand wenig später am neu erbauten Rheinhafen. Dieser war wichtig für den Transport von Kohle und den Abtransport der in den Fabriken produzierten Güter. Die bedeutendste Branche in Karlsruhe war die Metall- und Maschinenbauindustrie. Die größten Industriebetriebe im Jahr 1900 waren die Deutsche Metallpatronenfabrik, die Maschinenbaugesellschaft und die beiden Nähmaschinenfabriken Haid & Neu sowie Junker & Ruh. Ein dritter großer Nähmaschinenhersteller, die Firma Gritzner, befand sich in Durlach, das sich ebenfalls zu einem bedeutenden Industriezentrum wandelte.

Allerdings brachte die Industrialisierung neue soziale Probleme. Trotz langer Arbeitszeiten war der Verdienst der Arbeiter oft so gering, dass auch die Frauen einem Erwerb nachgehen mussten. Die Wohnverhältnisse waren meist sehr beengt: Im Jahr 1897 hatte der Großteil der vier- und fünfköpfigen Arbeiterfamilien im Dörfle nur zwei Zimmer mit Küche zur Verfügung. Nur allmählich verbesserte sich die Situation.

Nach dem Ersten Weltkrieg stagnierte die Entwicklung, und im Zweiten Weltkrieg wurden viele Industrieanlagen zerstört. Danach begann eine erneute Aufschwungsphase, zu der auch die Neuansiedlung von Unternehmen beitrug: Die Firma Siemens beschäftigte zeitweise rund 10.000 Menschen und war damit größter Industriebetrieb der Stadt. Durch den Anschluss an zwei Pipelines entwickelte sich Karlsruhe zu einem Zentrum der Ölindustrie. In den 1970er-Jahren setzte ein Strukturwandel ein, dem nach und nach einige der Karlsruher Traditionsbetriebe zum Opfer fielen. Fortan setzte die Stadt verstärkt auf die Ansiedlung von Dienstleistungs- und Technologieunternehmen.

➢ **1864:**
Gründung der Großherzoglichen Obstbauschule mit landwirtschaftlicher Winterschule
➢ **1894:**
Obstbau- und Winterschule ziehen nach Grötzingen auf den Augustenberg
➢ **1903:**
Gründung der Rebveredelungsanstalt am Durlacher Turmberg

Erbsenernte bei Hohenwettersbach 1918. Das Bild zeigt, wie wenig technisiert die Arbeit in der Landwirtschaft zu dieser Zeit war. Auch Kinder mussten mithelfen, und mangels Pferden dienten vielerorts Rinder als Zugtiere.

Landwirtschaft

Der Großteil der in Karlsruhe verbrauchten landwirtschaftlichen Produkte kam aus dem Umland. Doch auch in den äußeren Stadtteilen gab es noch in der ersten Hälfte des 20. Jahrhunderts eine relativ große Anzahl an landwirtschaftlichen Betrieben. Allerdings waren diese meist sehr klein, und ihre Besitzer gingen hauptberuflich anderen Beschäftigungen nach. 1935 existierten etwa in Knielingen 674 bäuerliche Kleinbetriebe mit einer Größe von weniger als zwei Hektar. Auch die Stadt Karlsruhe unterhielt lange Zeit in Rüppurr einen eigenen Gutshof. Ein besonderes Produkt war der Wein, den man bereits im Mittelalter am Durlacher Turmberg anbaute. Dort wurde 1903 eine Rebveredelungsanstalt eingerichtet, aus der später das Staatsweingut Karlsruhe-Durlach hervorging.

Bei der Getreideernte in Bulach um 1920, wenige Jahre vor der Eingemeindung.

Blick in die Milchküche des städtischen Gutshofs Rüppurr um 1920. Obwohl er später den Großteil seiner Flächen für den Bau der Dammerstocksiedlung abgeben musste, bestand der Gutshof noch bis in die 1960er-Jahre.

Weinlese am Südhang des Turmbergs 1959. Im Hintergrund sind die Häuser von Durlach zu erkennen.

- **1719:** **Die Karlsruher Bäcker geben sich eine Zunftordnung**
- **20. Dezember 1831:** **Gründung des Gewerbevereins**
- **1862:** **Die Einführung der Gewerbefreiheit beendet das Zunftwesen**

Die Betriebsangehörigen der Hofbäckerei Kasper im Jahr 1905. Das Bild zeigt eine klare Hierarchie: Inhaber Otto Kasper sitzt in der Mitte, die Mitarbeiter neben ihm präsentieren stolz ihre Reservistenkrüge, und die weiblichen Angestellten halten sich im Hintergrund.

Handwerk

Lange Zeit war Karlsruhe eine Stadt der Handwerker und Kaufleute. Im Jahr 1820 gab es in der Stadt nur acht Manufakturen mit insgesamt 230 Arbeitern. Auch fünfzig Jahre später, als die Phase der Hochindustrialisierung einsetzte, waren in Karlsruhe noch drei Viertel der Erwerbstätigen im klassischen Handel und Handwerk beschäftigt. Das Handwerk war in 27 Zünften organisiert, bis diese 1862 im Zuge der Gewerbefreiheit aufgelöst wurden. Mit der Industrialisierung brachen für viele Handwerksbetriebe schwere Zeiten an, nicht alle konnten sich gegen die neue Konkurrenz behaupten.

Näherinnen im Atelier von Emmy Schoch in der Herrenstraße 12 im Jahr 1920. Die Modeschöpferin beschäftigte zeitweise bis zu 60 Mitarbeiterinnen und präsentierte ihre Modelle auf zahlreichen Ausstellungen. Ihr Erfolg beruhte auf der Herstellung sogenannter Reformkleider, neuer bequemer Kleider für Frauen.

Schuhmachermeister Friedrich Hanser um 1920 in seiner Werkstatt in der Amalienstraße 55.

Bei der Ausbildung zum Hufschmied: Vorstand, Lehrer und Schüler der Großherzoglichen Hufbeschlagschule in der Zähringerstraße 27 im Jahr 1899.

➢ **1852:**
Gründung der Maschinenbaugesellschaft Karlsruhe
➢ **1857:**
Die Parfümerie- und Feinseifenfabrik Wolff & Sohn entsteht
➢ **1860/1870:**
Gründung der Nähmaschinenfabriken Haid & Neu sowie Junker & Ruh
➢ **1878:**
Entstehung der Deutschen Metallpatronenfabrik Lorenz

Blick von Nordwesten auf die Deutsche Metallpatronenfabrik Lorenz an der Gartenstraße 1895. Die Firma ging später in den Deutschen Waffen- und Munitionsfabriken (DWM) und dann in den Industriewerken Karlsruhe (IWK) auf. Heute befindet sich auf dem Firmengelände unter anderem das Zentrum für Kunst und Medientechnologie.

Industriestadt Karlsruhe

Im letzten Drittel des 19. Jahrhunderts wandelte sich Karlsruhe zur Industriestadt. In der sogenannten Gründerzeit siedelten sich zahlreiche Firmen neu an oder wurden erweitert. Wichtigster Industriezweig war der Maschinenbau. 1907 arbeiteten über 40 Prozent aller Erwerbstätigen in der Industrie. Zu den größten Arbeitgebern zählten die Maschinenbaugesellschaft Karlsruhe, die Deutschen Waffen- und Munitionsfabriken sowie die Parfümerie- und Feinseifenfabrik Wolff & Sohn, die durch ihre Marke Kaloderma international bekannt wurde. Mit der Industrialisierung veränderte sich das wirtschaftliche, soziale und politische Gefüge der Stadt. Trotz 12-Stunden-Arbeitstagen waren die Löhne der Arbeiter meist sehr niedrig. Dies hatte zur Folge, dass in vielen Arbeiterfamilien Armut herrschte und ein Zuverdienst der Frauen und Kinder oft überlebenswichtig war.

Blick in die Werkhalle der Maschinenbaugesellschaft Karlsruhe. Die Aufnahme entstand um 1900, kurz vor dem Umzug der Firma aus der Beiertheimer Allee in die heutige Carl-Metz-Straße im Westen der Stadt. 1930 ging das Unternehmen in Konkurs.

Das 1914 errichtete Schreinerhaus der Nähmaschinenfabrik Haid & Neu an der heutigen Haid-und-Neu-Straße im Jahr 1920. Hier wurden die Gehäuse für die Nähmaschinen angefertigt.

Anlässlich des 40-jährigen Firmenbestehens versammelte sich das Personal der Parfümerie- und Feinseifenfabrik Wolff & Sohn 1897 zu einem Gruppenfoto vor dem 1891 bezogenen Fabrikgebäude an der Durlacher Allee. Heute befindet sich hier das Polizeipräsidium Karlsruhe.

- **1955:** Die Firma Heinkel beginnt mit der Produktion von Motorrollern
- **1960:** Die Daxlander Appenmühle wird zum Quartier für italienische „Gastarbeiter“
- **1963:** Einweihung der Esso-Raffinerie (24. April) und der DEA-Scholven-Raffinerie (14. Juni)

Blick von Westen auf das Siemenswerk in Knielingen 1954. Siemens produzierte ab 1947 in Karlsruhe, vier Jahre später ging das hier zu sehende Werk in Betrieb.

Zahlreiche Schaulustige verfolgten, wie am 9. September 1962 in der Nähe der Maxauer Rheinbrücke die Südeuropäische Pipeline von Marseille nach Karlsruhe unter dem Rhein durchgeführt wurde.

Wiederaufblühen der Industrie

Die beiden Weltkriege führten zu erheblichen Einschnitten in den Karlsruher Industriebetrieben. Danach begann eine neue Aufschwungsphase, zu der auch die Neuansiedlung von Firmen beitrug. Siemens etwa produzierte ab 1951 in Knielingen elektronische Geräte. Die Nachfrage nach Arbeitskräften war groß: Immer mehr Frauen wurden erwerbstätig, und bald warb man auch im Ausland Arbeitskräfte an. Zu einem bedeutenden Industriezweig entwickelte sich die Ölverarbeitung. 1962 ging die Pipeline von Marseille nach Karlsruhe in Betrieb, wenige Jahre später die Ölleitung von Triest. Gleichzeitig stellten jedoch viele Traditionsbetriebe nach und nach ihre Produktion ein, so etwa 1968 Junker & Ruh, 1974 Wolff & Sohn sowie 1982 die mittlerweile von Singer übernommene Firma Haid & Neu.

Ein Arbeiter bei der offiziellen Einweihung der Esso-Raffinerie am 24. April 1963.

Frauenerwerbstätigkeit 1957: vier Arbeiterinnen bei der Fabrikation von Strümpfen in der Strumpf- und Charmeuse-Wäschefabrik Günther & Co.

Italienische „Gastarbeiter“ am Hauptbahnhof vor der Abfahrt in den Weihnachtsurlaub in ihrer (alten) Heimat 1962.

- ➢ 1855: Gründung der Maschinenfabrik Sebold, später Badische Maschinenfabrik Durlach
- ➢ 1872: Gründung der Nähmaschinenfabrik Gritzner, später Pfaff
- ➢ 1924: Die Firma Ritter beginnt in Durlach mit der Produktion medizinischer Apparate
- ➢ 1946: Die Arzneimittelfabrik Dr. Willmar Schwabe zieht nach Durlach

Innenansicht der Badischen Maschinenfabrik Durlach (BMD) in den 1920er-Jahren. Das Bild zeigt Arbeiter mit Formkästen, die in der Gießerei verwendet wurden.

Industrie in Durlach

Auch Durlach wurde in der zweiten Hälfte des 19. Jahrhunderts zur Industriestadt. Die Stadt wuchs und veränderte sich: Während 1880 etwa 7000 Menschen in Durlach lebten, waren es 1910 schon rund 14.000. Die wichtigsten Betriebe waren die Maschinenfabrik Sebold, später Badische Maschinenfabrik Durlach (BMD), sowie die Nähmaschinenfabrik Gritzner, später Pfaff. In den beiden Weltkriegen stellten sie ihre Produktion auf Rüstungsgüter um. Nach 1945 blühten die Industriebetriebe noch einmal auf, doch im letzten Drittel des 20. Jahrhunderts wurde Durlach vom Strukturwandel erfasst: Während die beiden Traditionsbetriebe ihre Produktion allmählich reduzierten und schließlich ganz einstellten, siedelten sich in den ehemaligen Fabrikgebäuden Dienstleistungsunternehmen an.

Blick in die Werkhalle der Ritter AG bei der Herstellung zahnarzttechnischer Geräte. Die Aufnahme entstand zwischen 1924 und 1930.

Die neue Produktionshalle der Nähmaschinenfabrik Gritzner kurz nach ihrer Inbetriebnahme 1956. Sie ersetzte den 1955 bei einem spektakulären Großbrand zerstörten Vorgängerbau.

Neben Nähmaschinen produzierte Gritzner auch Fahrräder. Die Aufnahme zeigt den Wagen des Fahrradhändlers Theodor Falkner für den Bürgerfestumzug in Durlach im Jahr 1929.

Blick in das neben dem Durlacher Bahnhof gelegene neue Werk der Firma Dr. Willmar Schwabe im Jahr 1955. Zu sehen sind Mitarbeiterinnen beim Konfektionieren abgefüllter Arzneimittel.

➢ **1798:**
Gründung der Brauerei Hoepfner
➢ **1849:**
August Sinner kauft das Hofgut Grünwinkel mitsamt der dortigen Bierproduktion
➢ **1856:**
Gründung der Brauerei Moninger

Zwischen 1896 und 1898 errichtete die Brauerei Hoepfner entlang der heutigen Haid-und-Neu-Straße einen neuen Brauereibau: die Hoepfner-Burg. Die Aufnahme zeigt den Turm und die Terrasse um 1900.

Brauereien

Zu einem bedeutenden Wirtschaftszweig entwickelte sich die Nahrungs- und Genussmittelindustrie, bei der Brauereien eine wichtige Rolle spielten. Die Nachfrage nach Bier war enorm: In Karlsruhe wurden 1888 pro Kopf 264 Liter Bier getrunken. Anfang des 20. Jahrhunderts war die Stadt der größte Brauereistandort Badens. 1909 gab es elf Brauereien, die zusammen über 600.000 Hektoliter Bier pro Jahr herstellten. Die Hoepfner-Burg in der Oststadt symbolisiert den Aufstieg der Brauereien in diesen Jahren. Doch die Entwicklung im und nach dem Ersten Weltkrieg war geprägt von Rohstoffmangel, Wirtschaftskrisen und Firmenzusammenschlüssen. Nach dem Zweiten Weltkrieg bestanden noch sechs Brauereien: Fels, Hoepfner, Moninger, Schrempp-Printz, Sinner und Wolf. In den Folgejahren sank die Zahl weiter, etwa durch die Übernahme von Sinner durch Moninger.

Die Picherei der Brauerei Hoepfner um 1900, wo Arbeiter die Fässer säuberten und abdichteten.

Die Brauerei Moninger verlegte 1888 ihre Produktion an die Kriegsstraße 210–216. Das Foto zeigt das Verwaltungsgebäude der Brauerei im Jahr 1920.

Die Brauerei Sinner in Grünwinkel 1893, deren markante Bauten schon von Weitem zu erkennen waren. Sie ging aus dem ehemaligen Hofgut der Markgräfin Sybilla Augusta von Baden hervor.

- 1846:
  Inbetriebnahme des Gaswerks an der Kaiserallee
- 1886:
  Das Gaswerk II in der Schlachthausstraße geht in Betrieb
- 10. April 1901:
  Inbetriebnahme des städtischen Elektrizitätswerks am Rheinhafen
- Februar 1955:
  Das Kraftwerk am Stichkanal des Rheinhafens geht ans Netz

Das Gaswerk an der Kaiserallee, westlich des Mühlburger Tors, um 1900. Im Vordergrund sind die Gasspeicher zu sehen, dahinter das Gebäude mit den Öfen. Die Bäume im Hintergrund gehören zur Kaiserallee. Das Werk war von 1846 bis 1917 in Betrieb.

Energieversorgung

Lange Zeit sorgten Öllampen nachts für spärliches Licht in Karlsruhe. Um die Situation zu verbessern, wurde die Gasbeleuchtung eingeführt: Am 30. November 1846 brannten zwischen Mühlburger Tor, Marktplatz und Schlossplatz erstmals Gaslaternen. Karlsruhe war zu diesem Zeitpunkt die zehnte deutsche Stadt mit Gasbeleuchtung. Gegen Ende des 19. Jahrhunderts setzte sich allmählich die elektrische Energie durch. Ab dem Jahr 1900 fuhr die Straßenbahn elektrisch, und nach und nach drang die Elektrizität auch in die Wohnhäuser vor. Ein wichtiger Schritt für die Entwicklung der Stadt wurde am 20. September 1912 getan: Erstmals erleuchteten elektrische Lampen die Kaiserstraße. Schon bald war die elektrische Energie aus dem Alltag der Menschen nicht mehr wegzudenken.

Blick auf das Gaswerk II in der Schlachthausstraße im Jahr 1886, dem Jahr der Inbetriebnahme.

Das städtische Elektrizitätswerk am Rheinhafen während der Errichtung um 1901. Davor haben sich die beim Bau beschäftigten Arbeiter zu einem Erinnerungsfoto versammelt.

Die Turbinen im Inneren des städtischen Elektrizitätswerks um 1905.

In der Kaiserstraße 179, Ecke Herrenstraße, wurde 1910/11 eine Aufzugsvorrichtung für die probeweise elektrische Straßenbeleuchtung angebracht.

➢ **1836:**
Betriebsaufnahme der heutigen Karlsruher Lebensversicherung
➢ **1870:**
Gründung der Privatbank Straus & Co. (1938 „arisiert")
➢ **1924:**
Der Badische Gemeinde-Versicherungs-Verband (BGV) zieht nach Karlsruhe

Blick 1907 von Südwesten auf das Bankhaus Veit L. Homburger in der Karlstraße 11. Das 1854 gegründete Unternehmen wurde 1939 von den Nationalsozialisten aufgelöst.

Banken und Versicherungen

Eine wichtige Rolle bei der Industrialisierung spielten die Banken. Sie räumten Firmen Kredite zur Expansion oder Modernisierung ein und vermittelten den Kauf und Verkauf von Aktien. Im Jahr 1911 gab es in Karlsruhe 20 Banken, darunter traditionelle Privatbanken wie Veit L. Homburger, Alfred Seeligman & Co. und Straus & Co. Zu einer ebenfalls bedeutenden Branche entwickelte sich das Versicherungswesen. Bereits 1836 nahm die allgemeine Versorgungsanstalt, Vorläuferin der heutigen Karlsruher Lebensversicherung, die Geschäfte auf. Mit der Landesversicherungsanstalt Baden und dem Badischen Gemeinde-Versicherungs-Verband siedelten sich später zwei weitere Unternehmen in Karlsruhe an.

Eine Menschenmenge drängte sich 1914 vor dem Eingang der städtischen Sparkasse am Marktplatz. Die Szene wurde vermutlich zur Werbung für Kriegsanleihen gestellt.

Das Verwaltungsgebäude der Karlsruher Lebensversicherung (KLV) in der Kaiserallee 4 um 1900. Das Gebäude wird heute als Rathaus West genutzt; die KLV residiert seit 1955 am Friedrich-Scholl-Platz.

Nur wenige Meter entfernt, in der Kaiserallee 8, befand sich um 1900 die Landesversicherungsanstalt Baden (LVA). 1963 bezog sie ein Hochhaus am Weinbrennerplatz.

➢ **1858:**
Erster Wissenschaftskongress in Karlsruhe
➢ **1861:**
Über 100.000 Menschen besuchen die Landes-Industrieausstellung
➢ **3. September 1949:**
Eröffnung der ersten Therapiewoche

Leistungsschau von Industrie und Handwerk: Die Kunst- und Gewerbeausstellung im Jahr 1877 in der nur kurz zuvor eröffneten Festhalle. Anlass für die Ausstellung war das 25-jährige Regierungsjubiläum von Großherzog Friedrich I.

Messen und Kongresse

Schon 1858 fand mit einer Versammlung von Naturforschern und Ärzten erstmals ein Kongress in Karlsruhe statt. Ab 1877 verfügte die Stadt mit der Festhalle über einen repräsentativen Veranstaltungsort. Der Gewerbeverein richtete hier noch im gleichen Jahr die Allgemeine Kunst- und Gewerbeausstellung für das Großherzogtum Baden aus, die zahlreiche Besucher anzog. Nach dem Zweiten Weltkrieg entwickelte sich Karlsruhe zu einer bedeutenden Kongress- und Ausstellungsstadt. Eine besondere Rolle spielte dabei der Therapiekongress bzw. die Therapiewoche, die zwischen 1949 und 1993 insgesamt 45 Mal in Karlsruhe stattfand.

Auf dem Gelände der Landwirtschaftlichen und Gartenbau-Ausstellung 1906. Die Aufnahme zeigt die Abteilung für landwirtschaftliche Geräte und Maschinen, in der mehr als 80 Aussteller ihre Produkte präsentierten.

Teilnehmer des 7. Deutschen Therapiekongresses im September 1955 bei der Vorführung einer Druckkammer zur Behandlung von Lungenerkrankungen.

Blick in die Schwarzwaldhalle während einer Kinderwagen-Mustermesse 1965. Das Veranstaltungsgebäude war 1953 eingeweiht worden und Nachfolger der im Zweiten Weltkrieg zerstörten Festhalle.

Konsum und Versorgung

Karlsruhe war um 1900 nicht nur ein politisches und industrielles, sondern auch ein Handelszentrum. Menschen kamen in die Stadt, um hier einzukaufen oder ihre Waren anzubieten. Die Kaiserstraße konnte sich schon bald als wichtigste Einkaufsstraße etablieren. Auf dem Abschnitt zwischen dem Markt- und dem heutigen Europaplatz lockte eine Vielzahl verschiedener Fachgeschäfte. Eine besondere Attraktion war die Kaiserpassage, die bereits bei ihrer Eröffnung 1887 mit elektrischer Beleuchtung aufwarten konnte.

Wahre Publikumsmagneten waren die kurz vor dem Ersten Weltkrieg eröffneten Warenhäuser Geschwister Knopf sowie Tietz. Hier wurden viele verschiedene Waren unter einem Dach und zu oftmals sehr günstigen Preisen angeboten. Auch die spektakuläre Innengestaltung der Warenhäuser mit ihren mehrstöckigen Lichthöfen war neu und zog Kunden aus der Stadt sowie dem Umland an.

Weitaus wichtiger war allerdings die Versorgung mit Lebensmitteln: Auf dem Wochenmarkt wurden Obst, Gemüse und Fleisch direkt vom Erzeuger gekauft. Der größte Wochenmarkt war der auf dem Marktplatz, der jedoch nach und nach durch weitere Märkte in den entstehenden oder wachsenden Stadtteilen ergänzt wurde.

Nicht immer lief die Versorgung reibungslos: Während und nach den beiden Weltkriegen hatte die Bevölkerung mit Mangel und Hunger zu kämpfen. Schwarzmarkt und Hamsterfahrten waren die Folgen. Erst nach der Währungsreform 1948 standen wieder ausreichend Lebensmittel zur Verfügung.

In den Jahren danach machten sich auch in Karlsruhe die Folgen des „Wirtschaftswunders" bemerkbar. Lange Vermisstes konnte nun endlich nachgeholt werden. Für viele Menschen wurden Produkte erschwinglich, die wenige Jahre zuvor noch als Luxusgüter gegolten hatten. Die Kaiserstraße wurde, mit modernen Häusern neu aufgebaut, wieder zur zentralen Einkaufsstraße der Stadt.

Gleichzeitig änderte sich vor allem im Bereich des Lebensmitteleinzelhandels die Art des Verkaufs. Hatte bislang der Kunde die Waren bei einem hinter einem Tresen stehenden Verkäufer bestellt, setzte sich nach und nach das Prinzip der Selbstbedienung durch. Kleine inhabergeführte Lebensmittelläden wurden immer seltener, bis schließlich die Filialen großer Supermarktketten sie fast ganz verdrängten.

Wochenmarkt auf dem Marktplatz um 1890. Er fand dreimal wöchentlich statt und war lange Zeit der größte der Stadt.

> ➢ **24. November 1887:** **Eröffnung der Kaiserpassage**
> ➢ **8. Dezember 1938:** **Erste Weihnachtsbeleuchtung in der Kaiserstraße**

Die Kaiserstraße auf Höhe des heutigen Europaplatzes um 1910. Rechts im Bild ist die Hauptpost zu sehen.

Einkaufsstraße Kaiserstraße

Die Kaiserstraße, bis 1879 Lange Straße, war seit der Gründung Karlsruhes die zentrale Ost-West-Achse der Stadt. Vor allem der Abschnitt zwischen der Karlstraße und dem Marktplatz entwickelte sich zur Hauptgeschäftsstraße. Eine besondere Attraktion war die 1887 an der Ecke Kaiser- und Waldstraße eröffnete – und elektrisch beleuchtete – Kaiserpassage. Das große und vielfältige Warenangebot zog auch Besucher aus dem Umland an. Doch nicht nur zum Einkaufen kamen die Menschen auf die Kaiserstraße: Auf dem sogenannten Karlsruher Korso promenierten die Bürger, um zu sehen und gesehen zu werden. Auch nach dem Zweiten Weltkrieg blieb die Kaiserstraße die zentrale Einkaufsmeile der Stadt. Allerdings änderte sich ihr Aussehen, da im westlichen Teil der Straße moderne Neubauten die zerstörten Häuser ersetzten. Das Gebäude der Hofapotheke gehört zu den wenigen Bauten, die den Krieg überstanden und erhalten blieben.

Blick von Nordosten auf die Kreuzung von Kaiser- und Waldstraße um 1900. Rechts unten ist der Eingang der Kaiserpassage zu erkennen. Im markanten Eckgebäude gegenüber befindet sich unter anderem die Hofapotheke.

Die Nordseite der Kaiserstraße zwischen Herren- und Ritterstraße um 1900: links, im Gebäude Herrenstraße 17, das Schuhgeschäft R. Altschüler, rechts daneben, in der Kaiserstraße 102, das Juweliergeschäft J. Petry Witwe. Ganz links ist eine der 30 ersten Plakatsäulen zu sehen, die seit 1895 im Stadtzentrum standen.

Blick vom Marktplatz in den östlichen Teil der Kaiserstraße vor 1897. Links im Bild ist das Wiener Café Central zu erkennen, gleich daneben die Einmündung der zum Schloss führenden Karl-Friedrich-Straße.

➢ 1948:
Ein Bebauungsplan sieht für die westliche Kaiserstraße eine Neubebauung vor
➢ 1959:
Der erste Teil der Kaiserpassage ist wieder errichtet

Die Kaiserstraße, Ecke Waldstraße, 1952 von Westen aus betrachtet. Während das Eckgrundstück links im Bild noch nicht wieder bebaut war, war direkt daneben – in der Kaiserstraße 120 – ein modernes Geschäftshaus entstanden, in dem sich unter anderem die Braunsche Buchhandlung befand.

Kaffeepause im Schloß-Café in der Kaiserstraße 181, Ecke Herrenstraße, im Mai 1955. Hinter der Terrasse ist der Neubau des Bekleidungshauses Dietrich zu sehen.

Blick vom Europaplatz Richtung Osten in eine abendliche Kaiserstraße im Advent 1957. In den Jahren des „Wirtschaftswunders" führten stark steigende Einkommen zu einer enormen Zunahme der Konsumausgaben.

Sommerschlussverkauf im August 1968, festgehalten an der Ampel Kaiserstraße, Ecke Lammstraße. Im Hintergrund ist ein Teil des Modehauses Vetter zu erkennen.

➢ **1881:**
Max und Johanna Knopf eröffnen in der Kaiserstraße ein Wäschegeschäft
➢ **1888:**
Die Firma Hermann Tietz eröffnet ein Warenhaus in der Kaiserstraße

Das Warenhaus Geschwister Knopf in der Kaiserstraße, Ecke Lammstraße, um 1912. Nur kurze Zeit nach dieser Aufnahme wich das Gebäude einem Neubau.

Warenpaläste

Zu Beginn des 20. Jahrhunderts setzte auch in Karlsruhe der Siegeszug der Warenhäuser ein. Günstige, offen sichtbare Preise und großzügige Umtauschregelungen trugen wesentlich zum Erfolg der Warenhäuser bei – sehr zum Missfallen der klassischen Einzelhändler. Auch die neuartige Warenpräsentation lockte die Kunden an. In den Jahren 1913 und 1914 eröffneten die Firmen Tietz und Geschwister Knopf imposante Neubauten. Palastähnliche Räumlichkeiten einschließlich eindrucksvoller Lichthöfe ließen das Einkaufen zum Erlebnis werden. Nach der Machtübernahme der Nationalsozialisten wurden die jüdischen Firmen Geschwister Knopf und Tietz „arisiert“. Das Gebäude des Warenhauses Knopf kaufte nach dem Zweiten Weltkrieg die Firma Karstadt.

Die gleiche Straßenecke wenige Jahre später: Der 1914 eröffnete Neubau des Warenhauses Geschwister Knopf erstrahlt in abendlicher Beleuchtung.

Ritterstraße, Ecke Kaiserstraße, um 1910 in nördlicher Blickrichtung. Links das Warenhaus Hermann Tietz, das sich das Gebäude mit dem Hotel Erbprinz teilte. Rechts das Haus der Museumsgesellschaft.

Der 1913 an gleicher Stelle fertiggestellte Neubau des Warenhauses Hermann Tietz im Jahr 1925. Das Gebäude wurde 1944 durch einen Luftangriff zerstört.

Blick ins Innere eines Karlsruher Warenhauses. Wahrscheinlich handelt es sich hier um den Neubau des Warenhauses Hermann Tietz kurz nach der Eröffnung 1913.

➢ **25. November 1913:**
Der Neubau des Warenhauses Tietz wird fertiggestellt
➢ **24. April 1914:**
Eröffnung des Neubaus des Warenhauses Geschwister Knopf

Schaufenster und Eingangsbereich des Hofuhrmachers Gustav Schmidt-Staub in der Kaiserstraße 154 um 1900.

Schaufenster

Auch in Karlsruhe wurden Schaufenster nach und nach als besonders wirksames Werbemittel erkannt. Eine ansprechende Gestaltung galt zunehmend als wichtig, um Kunden in die Geschäfte zu locken. Bei der Präsentation wurde daher statt der Quantität verstärkt die Qualität des Warenangebots herausgestellt. Während das Schaufenster zunächst noch einem Sammelsurium von Waren glich, wurde später lediglich ein ausgewählter Auszug des Sortiments präsentiert. Neben der Beschaffenheit der Ware war der Preis entscheidend für den Verkaufserfolg: Mit Sonderangeboten und Aktionswochen versuchten Einzelhändler, Kunden zum Kauf zu animieren.

Blick in das Schaufenster der Manufakturwarenhandlung Emil Scherer in der Goethestraße 1 während einer *Weißen Woche* im Jahr 1905. Dabei handelte es sich um eine – vom Warenhaus-Unternehmer Hermann Tietz erfundene – Verkaufsaktion, bei der Wäsche zum Sonderpreis angeboten wurde.

Die Belegschaft der Buchhandlung E. Kundt in der Kaiserstraße 124 a um 1920 vor ihrer Auslage.

Die Weihnachtswünsche dieser beiden Mädchen im Advent 1968 waren offensichtlich.

➢ **1874:**
Einrichtung eines Marktes auf dem Werderplatz
➢ **1909/1910:**
Eröffnung von Märkten in der Weststadt und in der Oststadt
➢ **21. Oktober 1934:**
Einweihung der Markthalle am Platz des alten Hauptbahnhofs

An Markttagen drängten sich rund um die Pyramide die Verkaufsstände, wie das Foto von 1886 zeigt. Vorne im Bild sind zwei Bürgersfrauen zu erkennen, die sich mit Schirmen vor der Sonne schützten.

Auf dem Markt

Wochenmärkte waren lange Zeit der wichtigste Umschlagplatz für Lebensmittel. In Karlsruhe gab es um 1870 an sechs Tagen Markt: montags, mittwochs und freitags auf dem Ludwigsplatz sowie dienstags, donnerstags und samstags auf dem Marktplatz. Als in den Folgejahren die Bevölkerung wuchs und neue Stadtteile entstanden, wurden in der Südstadt, in der Weststadt und in der Oststadt weitere Märkte eingerichtet. 1926 zog der Markt auf dem Marktplatz an den Platz vor dem alten Hauptbahnhof an der Kriegsstraße. Wenig später entstand hier eine Markthalle, die bis 1970 in Betrieb war, dann aber dem Neubau des Badischen Staatstheaters weichen musste. Der Marktplatz wurde erst ab 1982 – nun verkehrsberuhigt – wieder als Markt genutzt.

Markt auf dem Gutenbergplatz 1917/1918.
Links im Bild der Pelikanbrunnen und ein Teil der Umfassung des Krautkopfbrunnens, rechts sind einige der Verkaufsbuden zu sehen, die die Stadt während des Ersten Weltkriegs betrieb.

Der Wochenmarkt auf dem Ludwigsplatz, von Südwesten aus betrachtet, um 1935. Im Hintergrund links befindet sich das Gasthaus Goldenes Kreuz.

Auf dem Marktplatz in Durlach 1958. Hinter den Ständen ist der Eingang des Rathauses zu sehen, weiter rechts, im Haus Pfinztalstraße 62, ein Kaiser‘s Kaffee-Geschäft.

Blick in die Markthalle am Ettlinger Tor während eines Blumen-Großmarkts im März 1965.

➢ **1865:**
Gründung des Lebensbedürfnisvereins
➢ **11. Dezember 1952:**
Eröffnung des ersten Selbstbedienungsladens der Stadt

Beschäftigte und Kinder vor dem Lebensmittelladen Ludwig Haug in der Adlerstraße 32 um 1925. Im Gebäude links daneben befindet sich die Gastwirtschaft Zum kleinen Ketterer am Lidellplatz.

Vom Krämerladen zum Supermarkt

Lange Zeit kauften die Karlsruherinnen und Karlsruher ihre Lebensmittel in erster Linie auf dem Markt oder in kleinen Krämerläden. Eine wichtige Rolle spielte jedoch auch der Lebensbedürfnisverein. Gegründet mit dem Ziel, seinen Mitgliedern gute und günstige Lebensmittel zu verschaffen, eröffnete er 1868 sein erstes Verkaufsgeschäft. 1920 hatte der Verein 16.000 Mitglieder, betrieb 31 Verkaufsstellen und machte 28 Millionen Mark Umsatz. Unter dem Namen Konsum existierte die Einrichtung bis 1977. Ebenfalls bedeutend war die Firma Pfannkuch, die nach dem Zweiten Weltkrieg an der Ecke Kaiser- und Herrenstraße den ersten Selbstbedienungsladen der Stadt eröffnete. Beide mussten sich jedoch wie fast alle kleinen Lebensmittelhändler letztlich der Konkurrenz durch die großen Supermarktketten geschlagen geben.

Volle Regale in einer Warenabgabestelle des Lebensbedürfnisvereins Karlsruhe um 1930.

Kinder beim Untersuchen eines vor einem Lebensmittelgeschäft in der Ludwig-Wilhelm-Straße präsentierten Haifischs 1951. Ein Schild erklärte, dass der Fisch „wie Kalbfleisch" schmecke.

Siegeszug der Selbstbedienung: Blick in einen Supermarkt in der Schneidemühler Straße in der Waldstadt 1961.

- **15. März 1915:**
  Ausgabe von Lebensmittelmarken für Brot und Mehl
- **11. Mai 1916:**
  Die Stadt richtet zwei Zentralküchen ein
- **30. September 1946:**
  Verteilung der ersten Care-Pakete
- **März 1947:**
  Hungerdemonstrationen und Streiks wegen der schlechten Versorgungslage

Käuferandrang vor der Städtischen Lebensmittel-Verkaufsstelle in der Kaiserstraße 175 im Jahr 1916.

Schlechte Zeiten

Im Ersten Weltkrieg hatte die Bevölkerung an einem zunehmenden Mangel an Lebensmitteln zu leiden. Das Anstehen in der Hoffnung auf Nahrungsmittel gehörte für viele bald zum Alltag. Immer mehr Kinder waren auf das kostenlose Mittagessen im Rahmen der Schülerspeisung angewiesen. Im Zweiten Weltkrieg gelang es, die Versorgung der Bevölkerung bis Ende 1944 weitgehend sicherzustellen. Doch nach dem Kriegsende verschlechterte sich die Versorgungslage rapide. Am 1. April 1946 wurden in der amerikanischen Besatzungszone die Lebensmittelrationen auf 1275 Kalorien pro Tag gekürzt. Schwarzmarkt und Hamsterfahrten waren die Folgen der Ernährungskrise. Mehrmals führte der Mangel zu Streiks und Protesten, doch erst nach der Währungsreform im Juni 1948 verbesserte sich die Situation.

Blick in die Mühlburger Turnhalle bei einer Kriegsspeisung von Kindern während des Ersten Weltkriegs. Im Jahr 1917 wurden in Karlsruhe über 230.000 kostenlose Mittagessen an Kinder ausgegeben.

Käuferschlange vor dem Lebensmittelgeschäft Feinkost Kissel in der Kaiserstraße im Januar 1947. Im Vordergrund liegt der Schutt zerstörter Häuser zum Abtransport bereit.

Bei einer Schülerspeisung aus den Mitteln der Hoover-Stiftung 1947. Dank dieser Maßnahme erhielten 17.000 Schülerinnen und Schüler täglich 350 Kalorien zusätzlich.

➢ **20. Juni 1948:**
Währungsreform, Einführung der Deutschen Mark
➢ **1. Juni 1954:**
Erste Anmeldung eines Fernsehgeräts im Stadtgebiet
➢ **1968:**
Der Internationale Frauenclub veranstaltet erstmals einen Pfennigbasar

Gute Zeiten

Am Morgen des 20. Juni 1948 bildeten sich vor den Schulgebäuden der Stadt lange Schlangen: Zum ersten Mal wurde die neue D-Mark ausgegeben. Nur wenig später begannen sich die Läden und Marktstände wieder zu füllen. Die Währungsreform war der Auftakt zum „Wirtschaftswunder". Zwischen 1950 und 1960 stieg der Umsatz des Karlsruher Einzelhandels von 185 auf 564 Millionen Mark. Für viele Menschen wurden frühere Luxusgüter erschwinglich. In immer mehr Karlsruher Wohnzimmer zog ein Fernseher ein: 1954 waren 61 Geräte gemeldet, 1965 bereits 50.000. Gleichzeitig änderte sich das Freizeitverhalten der Menschen, so ging etwa die Zahl der Kinobesucher im gleichen Zeitraum stark zurück.

Die weihnachtlich dekorierte Auslage der Metzgerei Schäfer in der Marienstraße 2 um 1950 symbolisiert die Rückkehr zum Wohlstand. Nur wenige Jahre zuvor wäre ein solches Schaufenster unvorstellbar gewesen.

Siegeszug der Heimunterhaltung: Blick in ein Radio- und Fernsehgeschäft um 1955.

Mitarbeiterinnen und Mitarbeiter des Pelzhauses Lösche in der Kaiserstraße 58–60 verladen 1978 Pelzjacken, die als Spende an vietnamesische Flüchtlinge gehen.

Kaufen für den guten Zweck: Beim ersten Pfennigbasar des Internationalen Frauenclubs in der Nancyhalle im Mai 1968. Der Verein war 1957 mit dem Ziel entstanden, die internationale Verständigung zu fördern und Kinder, Jugendliche sowie alte, kranke und behinderte Menschen zu unterstützen.

Auf dem zweiten Pfennigbasar im März 1969. Aufgrund ihres großen Erfolgs wurde die Veranstaltung jährlich wiederholt.

Bildung und Kultur

Die Bildungseinrichtung, mit der zu Beginn des 20. Jahrhunderts fast alle Karlsruherinnen und Karlsruher in Berührung kamen, war die Volksschule. Sie war für alle Kinder verpflichtend und umfasste acht Jahrgangsstufen. Buben und Mädchen wurden separat und auch inhaltlich unterschiedlich unterrichtet, doch die Trennung nach Konfessionen war bereits seit 1876 abgeschafft.

Neben den Volksschulen gab es höhere Schulen, die allerdings nur relativ wenige Schüler eines Jahrgangs besuchten. Viele Familien waren darauf angewiesen, dass die Kinder möglichst bald ihr eigenes Geld verdienten. Ein Gymnasium gab es in Karlsruhe bereits ab 1724, als das Gymnasium illustre von Durlach in die neue Residenzstadt verlegt wurde. Die erste Realschule wurde 1863 eröffnet. An ihr stand ebenso wie an den Realgymnasien und den Bürgerschulen nicht das humanistische Bildungsideal, sondern die Berufsvorbereitung im Vordergrund.

Die wohl bekannteste Bildungseinrichtung Karlsruhes entstand 1825 mit dem Polytechnikum, aus dem später die Technische Hochschule, dann die Universität und schließlich das heutige Karlsruher Institut für Technologie (KIT) hervorgingen. Zum ausgezeichneten Ruf der Einrichtung trugen Forscher wie Heinrich Hertz bei, der hier 1886 die elektromagnetischen Wellen entdeckte. Auch der Erfinder des Automobils, Carl Benz, studierte hier. Die Baugewerkschule (heute Hochschule Karlsruhe – Technik und Wirtschaft) und die Kunstschule (heute Staatliche Akademie der Bildenden Künste) erwarben sich ebenfalls bald hohes Ansehen.

Nicht nur als Stadt der Wissenschaft, auch als Stadt der Kultur genoss Karlsruhe einen hervorragenden Ruf. Dazu trugen verschiedene Museen und Sammlungen sowie das 1808 eröffnete Hoftheater bei, das zeitweise zu den führenden Häusern im deutschsprachigen Raum zählte. Mit der Festhalle am Festplatz verfügte die Stadt ab 1877 zudem über einen großen und repräsentativen Veranstaltungsort. Der Bau fiel im Zweiten Weltkrieg ebenso den Bomben zum Opfer wie das Theater. Als Ersatz entstand am gleichen Ort die Schwarzwaldhalle, deren Architektur in der Öffentlichkeit sowie in Fachkreisen für Aufsehen sorgte. Das Theater, jetzt Badisches Staatstheater, konnte allerdings erst 1975 wieder einen eigenen Bau beziehen.

Ein gesunder Geist in einem gesunden Körper: Mädchenklasse bei der Gymnastik im Hof einer Volksschule um 1905.

- ➢ **1716:** Einrichtung der ersten Volksschule
- ➢ **1900–1910:** Bau der Gutenberg-, der Nebenius-, der Schiller- und der Südendschule
- ➢ **1. Oktober 1945:** Auf eine Lehrkraft kommen durchschnittlich 73 Volksschulkinder
- ➢ **1951:** Fertigstellung des ersten Nachkriegs-Schulbaus, der Waldschule im Weiherfeld

Blick in einen Unterrichtsraum der zwischen 1900 und 1902 in der Südstadt erbauten Nebeniusschule um 1905.

Die Volksschulen

Ordnung und Disziplin waren in den Volksschulen zentrale Prinzipien: Die Schulordnung wurde zweimal im Jahr vorgelesen, und Verstöße bestrafte man mit dem Rohrstock. Das Wachstum der Stadt verlangte nach neuen Schulen: 1870 gab es nur zwei Volksschulgebäude, 1910 bereits 18. Gleichzeitig stieg die Zahl der Schülerinnen und Schüler von gut 1600 auf über 15.000. Im Zweiten Weltkrieg wurden viele Schulhäuser zerstört, Ende 1944 wurde der Unterricht eingestellt. Erst am 1. Oktober 1945 begann der Schulbetrieb wieder – zunächst mit starken Einschränkungen. Danach entstanden nicht nur zahlreiche neue Schulen, auch der Unterricht wurde modernisiert. Doch erst ab 1966 wurden Jungen und Mädchen gemeinsam und auch nach dem gleichen Lehrplan unterrichtet.

Eine Knabenklasse der Riedschule in Rüppurr in den 1920er-Jahren. Zu dieser Zeit gingen noch viele Schüler barfuß in die Schule. Die Wandkarten und der Sandkasten in der Bildmitte hinten kamen im Heimatkundeunterricht zum Einsatz.

Die Mitglieder der städtischen Schülerkapelle im Jahr 1925 im Hof der Lidellschule, der ersten Förderschule Karlsruhes. Zum Zeitpunkt der Aufnahme befand sich die Schule noch in der Markgrafenstraße.

Schülerinnen und Schüler im Innenhof der Volksschule Durlach-Aue bei deren Eröffnung im September 1965.

- **1724:** Das Gymnasium illustre wird von Durlach nach Karlsruhe verlegt
- **1874:** Das Gymnasium bezieht ein neues Schulgebäude in der Bismarckstraße
- **1899:** Am Mädchengymnasium legen die ersten Schülerinnen das Abitur ab
- **1962:** Einrichtung der Europäischen Schule

Das Gymnasium (heute Bismarck-Gymnasium) in der Bismarckstraße um 1900. Zu diesem Zeitpunkt wurden hier etwa 600 Schüler unterrichtet.

Die höheren Schulen

Lange Zeit waren höhere Lehranstalten überwiegend männlichen Schülern vorbehalten. Doch 1893 machte Karlsruhe mit der Eröffnung des deutschlandweit ersten Mädchengymnasiums einen großen Schritt in Richtung Gleichberechtigung bei der Bildung – von nun an konnten junge Frauen das Abitur ablegen und an einer Universität studieren. Nur wenig später entstanden die Oberrealschule (heute Helmholtzgymnasium), die Goethe- sowie die Lessingschule. Allerdings besuchten zu dieser Zeit nur etwa 20 Prozent eines Jahrgangs weiterführende Schulen. Der Anteil stieg nach dem Zweiten Weltkrieg, sodass neue Realschulen und Gymnasien eröffnet wurden. Ein ganz neuer Schultyp entstand mit der Europäischen Schule. Sie gilt seit ihrer Gründung als Ausdruck des europäischen Gedankens.

Die Schülerinnen der Oberprima (heute 13. Klasse) des Mädchengymnasiums in ihrem Klassenzimmer 1911. Heute wird das Gebäude vom Fichte-Gymnasium genutzt.

Klassenfoto der Quarta (heute 7. Klasse) am Gymnasium Durlach (heute Markgrafen-Gymnasium) im Jahr 1911. Die Schule wurde 1907 eingeweiht und steht in der Tradition des von 1586 bis 1724 in Durlach ansässigen Gymnasium illustre.

Schülerinnen und Schüler der Europäischen Schule bei einer Tanzvorführung anlässlich der Grundsteinlegung für den Neubau der Schule in der Waldstadt im Mai 1967.

- **1800/1807:** Gründung einer Bau- sowie einer Ingenieurschule
- **7. Oktober 1825:** Gründung des Polytechnikums
- **1854:** Gründung der Großherzoglich Badischen Kunstschule
- **6. November 1878:** Eröffnung der Großherzoglich Badischen Baugewerkschule
- **1956:** Gründung des Kernforschungszentrums Karlsruhe

Hochschulen

Im Laufe des 19. Jahrhunderts entwickelte sich Karlsruhe zu einem Zentrum von Wissenschaft und Forschung. Größte und wichtigste Hochschule wurde die 1825 als Polytechnikum gegründete Technische Hochschule. 1852 waren hier 347 Studenten eingeschrieben, 50 Jahre später über 1600 und nochmals 50 Jahre später mehr als 4000. Wissenschaftler wie Heinrich Hertz, der hier von 1885 bis 1889 lehrte und forschte, sicherten der Einrichtung internationale Anerkennung. Die Kunstschule, an der bedeutende Maler unterrichteten, die Baugewerkschule und die Kunstgewerbeschule erweiterten das Studienangebot erheblich. Nach dem Zweiten Weltkrieg siedelte sich bei Karlsruhe eine weitere Forschungseinrichtung an: 1961 ging am Kernforschungszentrum bei Leopoldshafen ein erster Versuchs-Atomreaktor in Betrieb.

Das Hauptgebäude der Technischen Hochschule an der Kaiserstraße um 1900. Die Einrichtung wurde 1967 zur Universität Karlsruhe.

Die Baugewerkschule in der Moltkestraße 9 um 1900. Aus ihr ging später die Fachhochschule Karlsruhe hervor, die heute als Hochschule Karlsruhe – Technik und Wirtschaft firmiert.

Professoren der Kunstschule um 1880. Die Einrichtung schloss sich 1920 mit der Kunstgewerbeschule zusammen, seit 1949 heißt sie Staatliche Akademie der Bildenden Künste.

Drei Mitglieder der Corpsbruderschaft Saxonia Anfang der 1920er-Jahre bei der Freizeitgestaltung.

Richtfest für den Mehrzweckforschungsreaktor im Kernforschungszentrum bei Leopoldshafen am 4. Dezember 1963. Das Forschungszentrum fusionierte 2009 mit der Universität zum Karlsruher Institut für Technologie (KIT).

- **1818:** Gründung des Badischen Kunstvereins
- **5. Mai 1846:** Eröffnung der Kunsthalle
- **1873:** Eröffnung des Sammlungsgebäudes
- **1919:** Gründung des Badischen Landesmuseums

Museen

Mehrere Einrichtungen trugen dazu bei, dass Karlsruhe zu einer Stadt der Künste wurde. Grundlage vieler Museen war die Sammlungstätigkeit des Hofes. Die 1846 eröffnete Kunsthalle nahm dank zahlreicher Ankäufe einen enormen Aufschwung und lockte viele Besucher in ihre Räume. Der Badische Kunstverein verfügte ab 1900 über ein eigenes Haus in der Waldstraße. Mit seinen Ausstellungen zeitgenössischer Kunst löste er mitunter heftige Reaktionen beim Publikum aus. Für mehrere Abteilungen der großherzoglichen Sammlungen entstand bis 1873 am Friedrichsplatz das Sammlungsgebäude. Aus den kulturhistorischen Abteilungen ging später das Badische Landesmuseum hervor, das im Schloss eingerichtet wurde. Im Zweiten Weltkrieg wurde das Bauwerk schwer beschädigt, erst 1959 konnten die Museumsräume teilweise wiedereröffnet werden.

Blick von Nordwesten auf die Kunsthalle um 1870. Auf der gegenüberliegenden Straßenseite wurde gerade ein Gebäude errichtet; das an der Waldstraße gelegene Haus quer in der Bildmitte wich später einem Neubau.

Eröffnung der Schweizerischen Kunstausstellung in der Kunsthalle am 19. Juli 1925.

Innenansicht des Domizils des Badischen Kunstvereins um 1910. Die Mitglieder des drittältesten Kunstvereins Deutschlands sorgten durch Ausstellungen, Vorträge und Diskussionsrunden für eine kulturelle Auseinandersetzung in der Stadt.

Blick in den Lichthof des Kunstgewerbemuseums 1901. Das Museum befand sich im Gebäude der Kunstgewerbeschule in der heutigen Reinhold-Frank-Straße. Seine Sammlung ging später an das Badische Landesmuseum.

Der Friedrichsplatz und das Sammlungsgebäude um 1900. Zu diesem Zeitpunkt beherbergte der Bau die Vorläufer des Landesmuseums und des Naturkundemuseums sowie die Hofbibliothek.

- 1719:
  Erste Theateraufführung im Theatersaal des Schlosses
- 1. Oktober 1808:
  Eröffnung des Hoftheaters am Schlossplatz
- 28. Februar 1847:
  Das Theater brennt ab (bis 1853 entsteht ein Neubau)
- 27. Oktober 1945:
  Erste Schauspielvorstellung nach dem Zweiten Weltkrieg
- 29. August 1975:
  Eröffnung des neuen Badischen Staatstheaters an der Kriegsstraße

Blick von Süden auf das am westlichen Schlossplatz gelegene Großherzogliche Hoftheater um 1895. In dem nach Plänen von Heinrich Hübsch errichteten und 1853 eingeweihten Bau fanden 2000 Zuschauer Platz.

Theater

Das führende Theater nicht nur der Residenzstadt, sondern ganz Badens war das Großherzogliche Hoftheater am Schlossplatz. 1863 dirigierte hier Richard Wagner zwei Konzerte mit eigenen Werken. In den Jahren danach galt Karlsruhe als führende Opernstadt Deutschlands. Ein Fliegerangriff legte das Theatergebäude 1944 in Schutt und Asche, nach dem Zweiten Weltkrieg spielte das Staatstheater im Konzerthaus und in der Stadthalle. Pläne, am alten Standort ein neues Theatergebäude zu errichten, wurden gestoppt, als man das Gelände für den Neubau des Bundesverfassungsgerichts reservierte. Erst 1975, mit der Eröffnung des neuen Theaterbaus an der Kriegsstraße, endete die Zeit der Provisorien. Zu diesem Zeitpunkt waren mit der Insel, dem Kammertheater und dem Sandkorntheater weitere, spezialisierte Theater entstanden.

Das Hoftheater aus der Luft um 1912. Des Weiteren sind hinter dem Theatergebäude der Botanische Garten, am linken Bildrand unten die Kunsthalle sowie ganz rechts der Westflügel des Schlosses zu erkennen.

Gruppenbild des Schauspielensembles des Großherzoglichen Hoftheaters 1904. Auch die Souffleuse (hinterste Reihe links) wurde zum Fototermin eingeladen.

Blick in den Zuschauerraum des mittlerweile Badisches Staatstheater genannten Gebäudes um 1935. Zu dieser Zeit entwickelte sich das Theater zu einem Propagandainstrument des NS-Staats.

Bei der Feier des Richtfests für den zwischen Kriegs-, Ettlinger- und Baumeisterstraße gelegenen Neubau des Badischen Staatstheaters am 10. November 1972.

- **1. September 1900:** Erste Vorführung von Filmbildern im Varieté-Theater Colosseum
- **15. Dezember 1908:** Eröffnung des Residenztheaters, des ersten Kinoneubaus
- **1929:** Eröffnung der Schauburg in der Marienstraße

Die Residenz-Lichtspiele in der Waldstraße 30 im Jahr 1928 mit Reklame für den Film *Jackie, der Schiffsjunge* mit Jackie Coogan. Die Inhaber, das Ehepaar Kasper, feierten zu diesem Zeitpunkt das 20-jährige Betriebsbestehen.

Kinos

Im Jahr 1900 wurden in Karlsruhe zum ersten Mal bewegte Bilder gezeigt: Im Varieté-Theater Colosseum waren unter anderem Aufnahmen von Marktplatz und Hauptbahnhof zu sehen. Der Kinobesuch wurde schon bald zu einer beliebten Freizeitbeschäftigung. 1940 gab es in Karlsruhe 13 Kinos mit fast 6000 Plätzen. Der Trend setzte sich fort: Im Jahr 1956 verzeichneten die Karlsruher Kinos 4,5 Millionen Besucher. Seit 1954 kamen zudem jährlich Filmstars aus dem In- und Ausland zur Verleihung der Bambis in die Stadt. Doch nur wenig später begannen wegen des Siegeszugs des Fernsehers die Besucherzahlen zu sinken, immer mehr Kinos mussten schließen, und auch die Bambis wurden 1964 zum letzten Mal in Karlsruhe verliehen.

Großer Andrang herrschte im Jahr 1950 vor den Palast-Lichtspielen in der Herrenstraße 11 anlässlich der Erstaufführung des Films *Schwarzwaldmädel*. Das Kinogebäude und die Umgebung waren noch vom Krieg gezeichnet.

Zarah Leander im März 1954 bei einem Besuch in Karlsruhe.

Rehe für die Stars: Heinz Rühmann, Paula Wessely, Götz George, Loni von Friedl, Ruth Leuwerick, Sofia Loren und Rock Hudson (von links nach rechts) bei der Bambi-Verleihung im November 1962 in der Schwarzwaldhalle.

- 1877:
  Errichtung einer provisorischen Ausstellungshalle am Festplatz
- 29. April 1877:
  Einweihung der von Josef Durm geplanten Festhalle
- 1914/1915:
  Bau der neuen Ausstellungshalle (heute Stadthalle) und des Konzerthauses

Festplatz

Ab 1877 besaß Karlsruhe einen repräsentativen Bau für Veranstaltungen: Am 29. April wurde am Festplatz die von Josef Durm geplante Festhalle eingeweiht. Alle wichtigen Feiern und Festakte fanden fortan hier statt. Ihr Haupteingang im Norden war dem Stadtzentrum zugewandt, im Süden grenzte sie direkt an den im Zuge der Bauarbeiten neu angelegten Stadtgartensee. Westlich der Festhalle befand sich die ursprünglich nur als Provisorium gedachte Ausstellungshalle. Anlässlich des 200-jährigen Stadtgeburtstags wurde der Festplatz 1915 grundlegend umgestaltet: Die alte Ausstellungshalle wurde abgerissen und durch einen Neubau an der Nordseite des Platzes ersetzt. An der Stelle der alten Ausstellungshalle errichtete man das Konzerthaus. Im Zweiten Weltkrieg wurde die Festhalle zerstört. Als Ersatz entstand 1953 nach Plänen von Erich Schelling die Schwarzwaldhalle. Sie war viele Jahre der größte und wichtigste Veranstaltungsort der Stadt. Ergänzt wurde sie durch die kleinere, in unmittelbarer Nachbarschaft errichtete Gartenhalle. Der letzte Neubau am Festplatz, die Nancyhalle, wurde 1966 kurz vor der Bundesgartenschau fertiggestellt.

Blick von Nordwesten auf den Festplatz vor 1896. Rechts im Bild die Festhalle mit ihrem imposanten Eingangsportal, links daneben das Vierordtbad.

Die Festhalle von innen um 1900. Zu Beginn des Ersten Weltkriegs diente sie kurzzeitig als Behelfslazarett.

Im Juli 1904 wurde vor der Festhalle ein Bismarck-Denkmal eingeweiht. Seine Größe wird im Vergleich mit den drei Schuljungen auf der Aufnahme aus dem Folgejahr ersichtlich. Seit 1953 steht die Statue auf einem niedrigeren Sockel vor dem Bismarckgymnasium.

Blick über den Festplatz nach Westen auf das Konzerthaus (Mitte) und die Ausstellungshalle (rechts) um 1930.

- 1950: **Wiedereröffnung der Stadthalle**
- 29. August 1953: **Eröffnung der Schwarzwaldhalle am Festplatz**
- 14. Oktober 1954: **Das Konzerthaus wird wiedereröffnet**
- 1955: **Fertigstellung der Gartenhalle**
- 11. März 1966: **Die Nancyhalle wird mit einer Blumenschau eröffnet**

Die Schwarzwaldhalle entstand 1953 in nur sechs Monaten. Ihre Dachkonstruktion, damals das deutschlandweit größte selbsttragende Spannbetondach, sorgte auch in der Fachwelt für Aufsehen.

Eine vollbesetzte Schwarzwaldhalle im Juni 1954 während des Festkonzerts zum Landesposaunentag der Evangelischen Kirche Badens.

Blick vom Dach der Stadthalle über den Festplatz beim Liederfest des Badischen Sängerbundes im Mai 1965. Im Hintergrund ist das Konzerthaus zu sehen.

Innenansicht der Schwarzwaldhalle bei der Eröffnung des Bühnen- und Presseballs durch das Ballett des Badischen Staatstheaters im November 1968.

Der Jungmann-Vierer des Karlsruher Ruder-Vereins im Jahr 1927. Der Verein war 1919 durch den Zusammenschluss der Ruderclubs Salamander und Sturmvogel entstanden.

Sport und Freizeit

Mehr als heute war Freizeit früher, als Zwölf-Stunden-Tage und Sechs-Tage-Wochen noch die Regel waren, ein knappes Gut. Umso wertvoller waren die Tage und Stunden, die nicht der Erwerbsarbeit gewidmet werden mussten. Eine beliebte Freizeitbeschäftigung war schon immer der Sport – entweder aktiv betrieben oder von der Zuschauerbank aus verfolgt. Die ab den 1860er-Jahren ganz Deutschland erfassende Sportbewegung erreichte auch Karlsruhe. Zu den beliebtesten Sportarten zählten Turnen, Fahrradfahren, Schwimmen oder Rudern. Die Ruderer waren 1879 die Ersten, die mit dem Ruderverein Salamander einen langlebigeren Sportverein gründeten. Doch auch die schon länger bestehenden Turnvereine, in denen der Wettkampf eine kleinere Rolle spielte als in den Sportvereinen, erfreuten sich weiter großer Beliebtheit. Den höchsten Zulauf hatte vor dem Ersten Weltkrieg aber der Fußball: Mit dem Karlsruher Fußballverein (KFV) und dem FC Phönix gab es in Karlsruhe zwei überregional erfolgreiche Vereine, die 1909 und 1910 nacheinander die deutsche Meisterschaft gewannen. Erst nach dem Zweiten Weltkrieg gelang es dem aus dem FC Phönix hervorgegangenen KSC, mit zwei DFB-Pokalsiegen an diese Erfolge anzuknüpfen.

Wer es ruhiger angehen lassen wollte, verbrachte seine Freizeit in den grünen Oasen der Stadt. Besonders beliebt war der Stadtgarten, dessen See im Sommer zum Bootsfahren und im Winter zum Schlittschuhlaufen einlud. Der kurze Aufstieg auf den Lauterberg galt nicht nur als gesund, sondern wurde auch mit einem Blick über die Stadt belohnt. Eine weitere Attraktion im Stadtgarten war schon damals der Zoo, in dem zahlreiche exotische Tiere bestaunt werden konnten. Ein anderes beliebtes Ziel erholungssuchender Spaziergänger war der Schlossgarten. Sowohl Stadt- als auch Schlossgarten wurden für die 1967 in Karlsruhe stattfindende Bundesgartenschau umgestaltet und erfreuen sich bei der Bevölkerung bis heute großer Beliebtheit.

Dank des Ausbaus des Straßenbahnnetzes waren schon Anfang des 20. Jahrhunderts auch außerhalb der Stadt gelegene Ausflugsziele schnell zu erreichen, etwa der Turmberg in Durlach, zu dessen Gaststätten eine Standseilbahn führte, die Alb oder der Rhein. Auch regelmäßig wiederkehrende Volksfeste wie die Mess sowie die Karnevals- bzw. Fastnachtsumzüge zogen bereits in früheren Zeiten viele Einwohner Karlsruhes in ihren Bann.

- **1846:**
  Gründung des Allgemeinen Turnvereins, des ersten Turnvereins der Stadt
- **1848:**
  Die spätere Karlsruher Turngemeinde spaltet sich ab
- **1881:**
  Gründung des Männerturnvereins Karlsruhe
- **1898:**
  Die Freie Turnerschaft Karlsruhe wird gegründet
- **1931:**
  Erste deutsche Ringtennismeisterschaften in Rappenwört

Mitglieder der Karlsruher Turngesellschaft im Jahr 1900 beim Schauturnen im Beiertheimer Wald. Der Verein gehörte zu den bürgerlichen Turnvereinen. 1919 vereinigte er sich mit der Karlsruher Turngemeinde zum Karlsruher Turnverein 1846.

Drei Turnerinnen der Freien Turnerschaft Karlsruhe bei einer Turnübung im Freien 1920. Der Verein wurde 1933 verboten und 1945 als Freie Spiel- und Sportvereinigung Karlsruhe neu gegründet.

Turnen

Eine lange Tradition hat das Turnen. Allerdings waren zu Beginn des 20. Jahrhunderts auch in Karlsruhe die bürgerlichen von den Arbeiter-Turnvereinen getrennt. Größter Verein war zu diesem Zeitpunkt der (bürgerliche) Männerturnverein, der trotz seines Namens auch Damenturnen anbot. Nach dem Ersten Weltkrieg sank die Zahl der Turnvereine, und im Nationalsozialismus wurden die Arbeiter-Turnvereine verboten. Zu den Turnspielen gehört auch das Ringtennis, das sich in Deutschland von Karlsruhe aus verbreitete. Eine wichtige Rolle spielte Baubürgermeister Hermann Schneider, der den Sport 1925 auf einer USA-Reise kennenlernte und später beim Bau des Rheinstrandbads Rappenwört für die Einrichtung von Spielfeldern sorgte. Hier fanden wenig später auch die ersten Ringtennismeisterschaften statt.

Blick auf das Ringtennis-Pfingstturnier im Mai 1956 im Rheinstrandbad Rappenwört. Bei der Sportart geht es darum, einen Gummiring über ein Netz in das gegnerische Feld zu werfen – und zwar möglichst so, dass ihn der Gegner nicht fangen kann.

Seniorengymnastik auf der Seebühne im Stadtgarten 1975.

- ➢ **12. Juni 1817:** Der Karlsruher Karl Drais fährt auf einem von ihm erfundenen Laufrad von Mannheim nach Schwetzingen
- ➢ **1882:** Gründung des Karlsruher Bicycle-Clubs, des ersten Radfahrvereins der Stadt
- ➢ **1. Juli 1890:** Eröffnung einer Radfahrbahn im Stadtgarten

Fahrradfahrlehrer Wilhelm Printz vor der Velociped-Fahrschule in der Schillerstraße 22 um 1888.

Radsport

Das Fahrrad wurde noch vor dem Ende des 19. Jahrhunderts zu einem wichtigen Fortbewegungsmittel. Grund dafür war das Aufkommen des Niederrads, das im Gegensatz zum Hochrad für relativ viele Menschen bezahlbar war. Gleichzeitig nahm auch der Radsport einen großen Aufschwung. 1882 entstand als erster Fahrradverein der Karlsruher Bicycle-Club, auf dessen Betreiben hin auch eine Fahrradfahrschule eingerichtet wurde. Bald darauf baute man zudem eine Radfahrbahn rund um den Schwanensee im Stadtgarten. Vor dem Ersten Weltkrieg existierten 16 Radfahrvereine in der Stadt. Einige von ihnen waren Arbeiter-Radsportvereine, die später von den Nationalsozialisten verboten wurden. Nach dem Zweiten Weltkrieg wurde der Radsport 1948 mit einem ersten Straßenrennen wiederbelebt.

Mitglieder eines Radfahrervereins fahren im Jahr 1902 anlässlich eines Radfahrer-Fests am Schloss vorbei. Die großherzogliche Familie nimmt auf dem Balkon stehend die Parade ab.

Gruppenfoto der Mitglieder des Knielinger Radfahrervereins Wanderlust um 1910.

Beim Amateurradrennen *Rund ums Karlsruher Schloß* im Mai 1962. Im Hintergrund ist der Schlossturm zu erkennen, links die Ruine des Hoftheaters, die bald darauf dem Neubau des Bundesverfassungsgerichts weichen musste.

- ➢ **1891:**
  Gründung des Karlsruher FV (KFV)
- ➢ **1894:**
  Gründung des Karlsruher FC Phönix
- ➢ **1952:**
  FC Phönix und VfB Mühlburg fusionieren zum Karlsruher Sport-Club (KSC)
- ➢ **17. Juli 1955:**
  Eröffnung des Wildparkstadions

Fußball

Schon vor dem Ersten Weltkrieg war der Fußball der Sport, der in Karlsruhe die meisten Menschen begeisterte. Mit dem FC Phönix und dem Karlsruher FV waren viele Jahre lang zwei überregional erfolgreiche Fußballvereine in Karlsruhe zu Hause – die Vereine wurden 1909 und 1910 nacheinander deutscher Fußballmeister. Nach dem Zweiten Weltkrieg wurde der Karlsruher Sport-Club (KSC) zum führenden Fußballverein. Auf den Sportanlagen des FC Phönix im Hardtwald entstand das 55.000 Zuschauer fassende Wildparkstadion. Am 5. August 1956 fand hier das Endspiel um den DFB-Pokal statt, bei dem der KSC siegte und den im Vorjahr gewonnenen Titel verteidigte. In den Folgejahren sorgte der wechselnde Erfolg des KSC dafür, dass bei seiner Anhängerschaft selten Routine einkehrte.

So präsentierten sich Fußballstars im Jahr 1909: signiertes Porträtfoto von Wilhelm Noe vom FC Phönix.

Szene aus einem Spiel des KFV gegen Eintracht Frankfurt im Jahr 1927 auf dem KFV-Platz an der Hertzstraße. Bei ihrer Einweihung 1905 gehörte die Anlage zu den modernsten deutschlandweit.

Beim Lokalderby: Heimspiel des KFV gegen den FC Phönix am 4. November 1928. Der Gastgeber gewann mit 4:2.

Nach dem Sieg des KSC über den FC Schalke im DFB-Pokalfinale am 21. Mai 1955 in Braunschweig empfingen jubelnde Anhänger am Karlsruher Hauptbahnhof die zurückkehrenden KSC-Spieler.

Am 7. August 1955 wurde das Wildparkstadion mit einem Spiel des KSC gegen Rot-Weiß Essen offiziell eingeweiht. Die Aufnahme zeigt die beiden Mannschaften kurz vor dem Anpfiff.

- 1863:
  Eröffnung des Rheinbads bei Maxau
- 1871–1873:
  Bau des Vierordtbads am Festplatz
- 1879:
  Gründung des Ruderclubs Salamander
- 1899:
  Gründung des ersten Karlsruher Schwimmclubs Neptun
- 1929:
  Eröffnung des Rheinstrandbads in Rappenwört
- 1955:
  Eröffnung des Tullabads an der Ettlinger Straße

Der erste Rennvierer des Ruderclubs Salamander im Juli 1892 in Maxau. Dahinter ein sogenanntes Passivenboot, in dem Mitglieder des Vorstands sitzen.

Sport im und auf dem Wasser

Ab dem späten 19. Jahrhundert wurde Schwimmen in Deutschland als Sport betrieben. So auch in Karlsruhe, wo 1888 mit dem Friedrichsbad in der Kaiserstraße das erste Hallenbad eröffnete – das Vierordtbad erhielt erst 1900 eine Schwimmhalle. Im Sommer waren das Rheinbad in Maxau und das Rheinstrandbad in Rappenwört beliebte Ziele. Mit dem Tullabad erhielt Karlsruhe 1955 eines der damals modernsten Sportbäder.

Eine lange Tradition in Karlsruhe hat der Rudersport. Als erster Verein entstand schon 1879 der Ruderclub Salamander, weitere Gründungen folgten. Nach seiner Eröffnung trainierten die Ruderer im Rheinhafen, wo 1904 auch die erste Karlsruher Regatta stattfand. Eine ab Ende der 1960er-Jahre diskutierte große Wassersportanlage in oder bei Karlsruhe wurde letztlich nicht realisiert.

Der Vorstand des Ruderclubs Salamander im Jahr 1889. Der Vorsitzende ist unschwer zu erkennen, umrahmt wird er von Rudermeister, Bootswart, Kassier und Schriftführer.

Badebetrieb im Rheinstrandbad in Rappenwört kurz nach der 1929 erfolgten Fertigstellung der Anlage.

Das erste Karlsruher Hallenbad, das Friedrichsbad in der Kaiserstraße 136, um 1930. Der Bau fiel 1944 einem Luftangriff zum Opfer.

Blick in das Tullabad bei einem Wettschwimmen Karlsruher Schulen 1955.

➢ **1865:**
Einrichtung eines Tiergartens
➢ **1877:**
Außenanlagen der Festhalle und Tiergarten werden zum Stadtgarten vereinigt
➢ **25. Mai 1890:**
Eröffnung des Schwarzwaldhauses am Fuße des Lauterbergs
➢ **1914/1915:**
Auf einer im Westen neu hinzugekommenen Fläche wird ein Rosengarten angelegt

Blick von Westen auf das Schwarzwaldhaus und den Lauterberg im Hintergrund 1895. Gebirgslandschaften galten zu dieser Zeit als Inbegriff von Erholung. Im Schwarzwaldhaus wohnte der Wärter des im Berg eingebauten Wasserreservoirs, zudem befand sich hier eine Restauration.

Im Stadtgarten

Die Anfänge des Stadtgartens liegen in der Mitte des 18. Jahrhunderts, als das Spazierengehen an Sonn- und Feiertagen beliebt wurde. Im Sallenwäldchen wurde ein Landschaftspark angelegt, den 1865 ein Tierpark ergänzte. Mit dem Bau der Festhalle entstand kurz darauf der Stadtgartensee. Ende des 19. Jahrhunderts erweiterte man den Stadtgarten nach Süden und legte einen künstlichen Aussichtsberg samt Burgruine – den Lauterberg – sowie den heutigen Schwanensee an. Nach der Verlegung des Hauptbahnhofs und der Bahnstrecke vergrößerte man den Stadtgarten nach Westen, wobei mit dem Rosen- und dem Japangarten weitere Attraktionen geschaffen wurden. In der NS-Zeit war auf dem Stadtgartengelände ein gigantisches „Gauforum" geplant. Der Ausbruch des Zweiten Weltkriegs verhinderte das Vorhaben. Für die Bundesgartenschau 1967 wurde der Stadtgarten umgestaltet, unter anderem entstand ein Verbindungskanal zwischen Stadtgarten- und Schwanensee. Zudem richtete man eine seilgezogene Bootsbahn – die Gondoletta – ein.

Die Burgruine auf dem Lauterberg um 1896. Ebenso wie der Berg war auch die Ruine künstlich angelegt.

Blick von Süden auf den Stadtgartensee und die dort fahrenden Boote um 1900.
Im Hintergrund ist die Festhalle zu erkennen.

Schlittschuhlaufen auf dem Stadtgartensee im Winter 1886/87. Der Stadtgarten war in der Bevölkerung zu jeder Jahreszeit überaus beliebt: 1896 wurden über 111.000 Tages- und mehr als 8000 Dauerkarten verkauft.

- ➢ **1924–1926:** **Ausbau der Zooanlagen**
- ➢ **1962:** **Anstelle des Schwarzwaldhauses entsteht eine Milchbar**
- ➢ **1965:** **Einweihung eines Verbindungskanals zwischen Stadtgarten- und Schwanensee**
- ➢ **14. April 1967:** **Eröffnung der Bundesgartenschau**

Kinder auf der Reitbahn beim Kamelreiten Mitte der 1920er-Jahre. Damals ein noch exotischeres Abenteuer als heute.

Bei einer Nilpferdfütterung im September 1957.

Zwei Publikumslieblinge des Zoologischen Stadtgartens: die Elefantendamen Nelly und Cadidja im April 1956 mit ihren Besucherinnen und Besuchern.

Ein gut besuchter Stadtgarten während der Bundesgartenschau 1967. Die Gondoletta erfreute sich offensichtlich großer Beliebtheit.

Im Stadtgarten an einem sonnigen Spätsommertag während der Bundesgartenschau 1967: Besucherinnen und Besucher genießen den Blick auf den Stadtgartensee und seine Wasserfontänen. Mehr als 6 Millionen Gäste machten die Schau zu einem großen Erfolg.

- 1731–1746: **Anlage des Schlossgartens**
- 1853–1857: **Bau der Orangerie und neuer Pflanzenhäuser im Botanischen Garten**
- 1864–1873: **Anlage des Schlossgartensees**

Blick von Osten in den Botanischen Garten um 1910. Links in der Bildmitte die Orangerie, rechts die Gewächshäuser und der Wintergarten.

Im Schlossgarten

Der nördlich des Schlosses gelegene Schlossgarten geht auf Markgraf Karl Wilhelm zurück, der den Garten im französischen Barockstil anlegen ließ. Später wurden Teile des Geländes als englischer Landschaftsgarten gestaltet. Im Westen des Schlossgartens entstand ein Botanischer Garten, der zeitweise über 40.000 verschiedene Pflanzen beherbergte. Bei der Bevölkerung war der Schlossgarten als Naherholungsgebiet in unmittelbarer Nähe des Zentrums sehr beliebt. Für die Bundesgartenschau 1967 wurde er erneut umgestaltet und erhielt mit der Schlossgartenbahn – von den Karlsruhern liebevoll Bähnle genannt – eine weitere Attraktion.

Kinder beim Spielen am Schlossgartensee 1955.

Feuerwerk über Schloss und Schlossgartensee Anfang Juni 1968. Das Spektakel, das alle zuvor in Karlsruhe veranstalteten Feuerwerke übertreffen sollte, lockte rund 16.000 Menschen in den Schlossgarten.

Im August 1968 wurde die Dampflokomotive der Schlossgartenbahn auf den Namen Greif getauft, was vor allem für die Kinder ein Erlebnis war. Die Lokomotive war 1939 zum Einsatz auf Baustellen produziert worden. Im Hintergrund ist der Schlossturm zu sehen.

- **1809–1811:** Bau des Stephanienbads in Beiertheim
- **1. Mai 1888:** Inbetriebnahme der Turmbergbahn
- **1965/1966:** Modernisierung der Turmbergbahn

Blick von Westen auf den noch unbebauten Turmberg und die Turmbergbahn um 1890. Oben vor dem Turm die Gaststätte Friedrichshöhe, weiter hinten rechts der Burghof.

Ausflügler auf Talfahrt mit der Turmbergbahn um 1938. Im Hintergrund sind die Häuser von Durlach zu erkennen.

Ausflugsziele

Vor allem an Sonn- und Feiertagen versuchten viele Karlsruherinnen und Karlsruher, der Enge und Hektik der Stadt zu entkommen. Eisenbahn- und Straßenbahnlinien erleichterten Ausflüge in die nähere Umgebung. Zu den beliebtesten Zielen zählte schon damals der Turmberg in Durlach. Dieser wurde 1888 durch eine Standseilbahn erschlossen, die auf einer Strecke von 315 Metern 100 Höhenmeter zurücklegte und dadurch selbst zur Attraktion wurde. Zeitgleich mit der Bahn entstanden oben auf dem Berg zwei Gaststätten, die die Anziehungskraft noch einmal steigerten. Weitere beliebte Ausflugsziele waren damals wie heute die Alb, wo das Stephanienbad bis 1905 eine Bademöglichkeit sowie ein Tanz- und Speiselokal bot. Und natürlich das Ufer des Rheins, besonders in kalten Wintern, wenn Teile des Flusses zugefroren waren.

Blick über die Alb auf das nach Plänen von Friedrich Weinbrenner erbaute Stephanienbad 1908. Am Fluss wurde zu der Zeit ein Stauwehr gebaut. Nach der Verlegung der Alb wird das Gebäude heute als Kirche genutzt.

Spaziergänger am Rhein auf Höhe der Rheinbrücke beim Betrachten des Hochwassers um 1900.

Spaziergänger auf dem teilweise zugefrorenen Rhein 1956. Im Hintergrund ist der Rheinhafen zu erkennen.

➢ 1877:
Eröffnung des Hotels Germania am Ettlinger-Tor-Platz
➢ 1914:
Am Bahnhofplatz wird das Schlosshotel eröffnet

Erstes Haus am Platze: Das Hotel Germania am Ettlinger-Tor-Platz von Süden aus gesehen 1896. Vorne quer verläuft die Kriegsstraße, nach hinten die Karl-Friedrich-Straße. 1943 wurde das Gebäude durch einen Luftangriff zerstört.

Treffpunkte

An der Kreuzung von Kriegs- und Karl-Friedrich-Straße, unweit des damaligen Hauptbahnhofs, eröffnete 1877 in einem prächtigen Neorenaissance-Bau das Hotel Germania. Bald galt es als erstes Haus am Platze, zahlreiche prominente Gäste stiegen hier ab. Ein beliebter Treffpunkt im Stadtzentrum war die 1901 eröffnete Gaststätte der Brauerei Moninger an der Ecke Kaiser- und Karlstraße. In Daxlanden wurde die Krone zum Ziel von Studenten und Professoren der Kunstakademie und galt folglich bald als Künstlerkneipe. Nach dem Zweiten Weltkrieg erfreuten sich die neu aufkommenden Eiscafés großer Beliebtheit. Das vermutlich erste Café dieser Art war das Capri in der Kaiserpassage, dem schon bald zahlreiche weitere folgten.

Die Badische Halle im Untergeschoss der Gaststätte Zum Moninger, Ecke Kaiser- und Karlstraße, im Jahr 1901.

Eine gesellige Stammtischrunde im Gasthaus Krokodil in der Waldstraße 63 um 1915. Eine Besonderheit der Gaststätte war der Ausschank Münchener Biere.

Innenansicht des Gasthauses Zur Krone in Daxlanden 1936. Die Ausstattung geht teilweise auf hier regelmäßig einkehrende Künstler zurück.

Italien im Becher: Blick in ein Eiscafé im März 1969. Der Kleidung der Kunden nach zu schließen war es noch winterlich, was aber dem kühlen Genuss keinen Abbruch tat.

- **1717:** **Erster Jahrmarkt in Karlsruhe**
- **1841:** **Erster Fastnachtsumzug in Karlsruhe**
- **13. November 1902:** **Gründung eines bis 1911 bestehenden Karnevalsvereins**
- **1912:** **Einrichtung eines Messplatzes an der Durlacher Allee**
- **11. November 1949:** **Neugründung der Großen Karnevalsgesellschaft**

Feste und Feiern

Großer Andrang und Jubel herrschte am 24. Februar 1903 auf dem Marktplatz, als zum ersten Mal seit vielen Jahren in Karlsruhe wieder ein Karnevalsumzug stattfand – nach der Revolution 1848 hatte sich die Fastnacht meist in geschlossenen Räumen abgespielt. Ebenfalls großer Popularität erfreute sich auch schon früh die Mess, die in der Tradition des ersten Jahrmarkts in Karlsruhe im Jahr 1717 steht. Ein weiterer Jahrmarkt entstand 1951, als auf dem Platz vor der Markthalle erstmals das Frühlingsfest ausgerichtet wurde.

Zu den traditionsreichen Festen in den Stadtteilen zählt die Neureuter Kerwe, deren Geschichte bis ins 18. Jahrhundert zurückreicht. In der Weststadt wurde 1919 erstmals das Lindenblütenfest gefeiert. Nach dem Zweiten Weltkrieg kamen neue Feste hinzu, so etwa das Fischerfest auf dem Daxlander Festplatz. In Durlach fand 1977 anlässlich der Einweihung der Fußgängerzone in der Pfinztalstraße ein Altstadtfest statt, das wegen seines großen Erfolgs wiederholt und allmählich zur Tradition wurde.

Viele Zuschauer verfolgten am 24. Februar 1903 den Karnevalsumzug auf dem Marktplatz. Bis 1910 fanden jährlich Umzüge statt.

Dass der Karneval oft auch eine politische Dimension hatte, wird an diesem Wagen bei der Durlacher Fastnacht 1937 deutlich. Die Aufschrift „Lieber an der Pfinz allein, als am Rhein Stiefkind sein“ bezog Stellung gegen eine Eingemeindung Durlachs nach Karlsruhe.

Frühlingsboten: Zwei junge Männer schmücken im April 1956 ihre Motorroller mit Blumen, im Hintergrund ist auf dem Platz vor der Markthalle das Frühlingsfest im Gang.

Frühjahrsmess 1958: Besucherinnen und Besucher bestaunen die „Fliegende Untertasse“.

- **1919:**
  Erstes Lindenblütenfest auf dem Gutenbergplatz
- **1947:**
  In Daxlanden findet erstmals ein Fischerfest statt
- **16. September 1977:**
  Erstes Durlacher Altstadtfest

Großer Beliebtheit bei Kindern erfreute sich der jährliche Sommertagszug, wie die wahrscheinlich 1921 im Stadtgarten entstandene Aufnahme zeigt. Mit der Einführung des ursprünglich kurpfälzischen Festes wollte Karlsruhe seine Stellung als badische Hauptstadt unterstreichen.

Szene vom Sommertagszug 1950. Wenige Jahre später kam die Tradition des Festumzugs zum Erliegen.